John Donne

Hier lieg ich von der Lieb erschlagen

Englisch-Deutsch

Übersetzt und mit einem Nachwort versehen von Wolfgang Breitwieser

Verlag Neue Kritik

Die Deutsche Bibliothek - CIP-Einheitsaufnahme

Donne, John:
Hier lieg ich von der Lieb erschlagen: englisch-deutsch / John Donne. Übers. und mit einem Nachw. versehen von Wolfgang Breitwieser. - Frankfurt am Main : Verl. Neue Kritik, 1994
ISBN 3-8015-0274-0

Umschlaggestaltung Helmut Schade Frankfurt am Main
Satz Delanor Frankfurt am Main
Druck Druckerei Dan Ljubljana Slowenien

SONGS AND SONNETS / LIEDER UND GEDICHTE

CONTENTS

INHALT

The Good Morrow

I wonder by my troth, what thou, and I
Did, till we loved? were we not weaned till then,
But sucked on country pleasures, childishly?
Or snorted we in the seven sleepers' den?
'Twas so; but this, all pleasures fancies be.
If ever any beauty I did see,
Which I desired, and got, 'twas but a dream of thee.

And now good morrow to our waking souls,
Which watch not one another out of fear;
For love, all love of other sights controls,
And makes one little room an everywhere.
Let sea-discoverers to new worlds have gone,
Let maps to others, worlds on worlds have shown,
Let us possess one world, each hath one, and is one.

My face in thine eye, thine in mine appears,
And true plain hearts do in the faces rest,
Where can we find two better hemispheres
Without sharp north, without declining west?
Whatever dies, was not mixed equally;
If our two loves be one, or, thou and I
Love so alike, that none do slacken, none can die.

Das Gutmorgen

Weißgott, was wir wohl, eh wir liebten, trieben?
Warn wir noch entwöhnt und tranken noch
Die Milch bäurischer Kurzweil – kindgeblieben?
Schnarchten wir wohl im Siebenschläferloch?
So war es! Alle Lust ist Täuschung hier.
Wenn je ich eine Schöne mit Begier
Erschaute und errang, wars nur ein Traum von dir.

Gutmorgen unserm Paar erwachter Seelen,
Das, nicht aus Angst, mit Blicken sich bewacht:
Liebe verbietet, andern Blick zu wählen,
Liebe, die kleinsten Raum zu Weltall macht.
Seht, Forscher, euch an neuen Welten satt,
Laßt Leute Welten sehn im Kartenblatt,
Uns laßt die eine Welt, die jeder ist und hat.

In Mienen kann sich treues Herz erklären:
Dein Aug zeigt meins und meines dein Gesicht.
Wo fänden wir zwei bessre Hemisphären,
Wo West nicht abfällt, wo kein Nordwind sticht?
Nur falsche Mischung ist vom Tod bedroht.
Wenn unsre Liebe eins ist, gleichstark loht,
Trifft uns, wenn wir nur nie erschlaffen, nie der Tod.

Song

Go, and catch a falling star,
Get with child a mandrake root,
Tell me, where all past years are,
Or who cleft the Devil's foot,
Teach me to hear mermaids singing,
Or to keep off envy's stinging,
And find
What wind
Serves to advance an honest mind.

If thou be'est born to strange sights,
Things invisible to see,
Ride ten thousand days and nights,
Till age snow white hairs on thee,
Thou, when thou return'st, wilt tell me
All strange wonders that befell thee,
And swear
Nowhere
Lives a woman true and fair.

If thou find'st one, let me know,
Such a pilgrimage were sweet,
Yet do not, I would not go,
Though at next door we might meet,
Though she were true, when you met her,
And last, till you write your letter,
Yet she
Will be
False, ere I come, to two, or three.

Lied

Geh mir einen Schweifstern fangen,
Zeug ein Kind mit dem Alraun,
Sag, wohin die Zeit gegangen,
Und wer Satans Huf zerhaun.
Lehr mich, Nymphen singen hören,
Neiders Stachel abzuwehren,
Und find
Den Wind,
Der Herzen stärkt, die ehrlich sind.

Siehst du unsichtbare Mächte,
Weißt um Wunder du Bescheid?
Reit zehntausend Tag und Nächte,
Bis die Zeit dein Haar beschneit.
Kehr zurück dann zu bekunden,
Welche Wunder du gefunden,
Sags frei,
Es sei
Nirgends eine Schöne treu.

Findst du eine, komm berichten,
Süß wär Wallfahrt zu ihr hin!
Aber laß, ich ging mitnichten,
Wärs auch meine Nachbarin.
Ist sie dir auch treu geblieben,
Bis du deinen Brief geschrieben,
Wird zwein
Bis drein
Sie, eh ich komme, untreu sein.

Woman's Constancy

Now thou hast loved me one whole day,
Tomorrow when thou leav'st, what wilt thou say?
Wilt thou then antedate some new made vow?
Or say that now
We are not just those persons, which we were?
Or, that oaths made in reverential fear
Of love, and his wrath, any may forswear?
Or, as true deaths, true marriages untie,
So lovers' contracts, images of those,
Bind but till sleep, death's image, them unloose?
Or, your own end to justify,
For having purposed change, and falsehood, you
Can have no way but falsehood to be true?
Vain lunatic, against these 'scapes I could
Dispute, and conquer, if I would,
Which I abstain to do,
For by tomorrow, I may think so too.

Beständigkeit der Frauen

Nun liebst du mich schon einen ganzen Tag.
Was sagst du morgen mir zum Abschied? Sag!
Datierst du unsern jüngsten Schwur zurück?
Sagst du: »Zum Glück
Sind wir nicht mehr dieselben wie zuvor!«
Sagst du, daß alten Eid aus Ehrfurcht vor
Dem Zorn der Liebe neuer Eid verschwor?
Sagst du: wie echter Tod die echten Ehen trennt,
Eint jener Bild, der Liebenden Vertrag,
Bis Schlaf, des Todes Bild, ihn trennen mag?
Sagst du, dein Ziel rechtfertigend:
Dir, die du Wechsel vorhast, bleibt allein
Der Treuebruch als Weg, doch treu zu sein?
Ich armer Irrer könnte diesen Schlich
Siegreich entkräften, wollte ich.
Was ich jedoch nicht tu,
Denn morgen denke ich vielleicht wie du.

The Undertaking

I have done one braver thing
Than all the Worthies did,
And yet a braver thence doth spring,
Which is, to keep that hid.

It were but madness now t'impart
The skill of specular stone,
When he which can have learned the art
To cut it, can find none.

So, if I now should utter this,
Others (because no more
Such stuff to work upon, there is,)
Would love but as before.

But he who loveliness within
Hath found, all outward loathes,
For he who colour loves, and skin,
Loves but their oldest clothes.

If, as I have, you also do
Virtue attired in woman see,
And dare love that, and say so too,
And forget the He and She;

And if this love, though placed so,
From profane men you hide,
Which will no faith on this bestow,
Or, if they do, deride:

Then you have done a braver thing
Than all the Worthies did,
And a braver thence will spring,
Which is, to keep that hid.

Das Unterfangen

Ich habe kühnre Tat vollbracht
Als würdiger Helden Werk,
Was zu noch Kühnrem Mut mir macht:
Daß ich es ganz verberg.

’s wär sinnlos, lehrte man den Schliff
Von Steinen einem Mann,
Der nicht, wenn er die Kunst begriff,
Auch Steine finden kann.

So wärs, wenns andern ich erklär,
Sie liebten unverwandt
Wie vorher: gleicher Werkstoff wär
Für sie nicht mehr zu Hand.

Wer Liebreiz nur im Innern schaut,
Dem wird das Äußre leid.
Wer bei den Fraun liebt Farb und Haut,
Liebt nur ihr ältstes Kleid.

Wenn ihr wie ich es seht und sagt,
Tugend im Weib erkennt
Und die wie ich zu lieben wagt
Und Er und Sie nicht trennt

Und nehmt dies ideale Bild
Vor frevlem Aug in acht,
Das es zu glauben nicht gewillt
Und wenn, es nur verlacht,

So habt ihr Kühneres getan
Als Heldenruhm vermerkt.
Das stifte euch zum Kühnsten an:
Daß ihr es ganz verbergt.

The Sun Rising

Busy old fool, unruly sun,
Why dost thou thus,
Through windows and through curtains call on uns?
Must to thy motions lovers' seasons run?
Saucy pedantic wretch, go chide
Late schoolboys, and sour prentices,
Go tell court-huntsmen, that the King will ride,
Call country ants to harvest offices;
Love, all alike, no season knows, nor clime,
Nor hours, days, months, which are the rags of time.

Thy beams, so reverend, and strong
Why shouldst thou think?
I could eclipse and cloud them with a wink,
But that I would not lose her sight so long:
If her eyes have not blinded thine,
Look, and tomorrow late, tell me,
Whether both th'Indias of spice and mine
Be where thou left'st them, or lie here with me.
Ask for those kings whom thou saw'st yesterday,
And thou shalt hear, All here in one bed lay.

She'is all states, and all princes I,
Nothing else is.
Princes do but play us; compared to this,
All honour's mimic; all wealth alchemy.
Thou, sun, art half as happy as we,
In that the world's contracted thus;
Thine age asks ease, and since thy duties be
To warm the world, that's done in warming us.
Shine here to us, and thou art everywhere;
This bed thy centre is, these walls thy sphere.

Sonnenaufgang

Umtriebige Sonne, bist nicht gescheit!
Was nur behext
Dich, daß du uns durch Glas und Vorhang weckst?
Bestimmt dein Lauf die Liebesjahreszeit?
Pedantische Vettel, sag »Es tagt!«
Verdrossnem Stift, verschlafnem Schülerwicht;
Hofjägern sag, der König will zur Jagd;
Mahn Bauernlümmel an die Erntepflicht;
Liebe, vom Wittrungswechselzwang befreit,
Kennt Tag, Stund, Mond nicht, diese Fetzen Zeit.

Und deine Strahlen müßt man ehrn?
Das glaubst nur du.
Mein Lidschlag, er verfinstert sie im Nu,
Könnt ihren Anblick ich so lang entbehrn.
Schau, macht dich nicht ihr Auge blind,
Und morgen Abend sage mir,
Wo beider Indien Gold und Myrrhen sind:
Wo du vorbeikamst, oder aber hier.
Frag, wo die Könige, die du sahest, warn.
»Alle in diesem Bett!« wirst du erfahrn.

Die Fürsten ich! Die Staaten sie!
Nichts sonst ist echt.
Die Fürsten spieln uns nur. Vergleicht man recht,
Ist Ruhm Theater, Reichtum Alchemie.
Du, Sonne, bist halb so glücklich nicht
Wie wir, das Konzentrat der Welt.
Dein Alter will die Ruh. Doch ist dirs Pflicht,
Die Welt zu wärmen – wärm uns, so ists bestellt.
Schein uns und du bist überall. Dies Kabinett
Sei deine Sphäre, Brennpunkt dieses Bett.

The Indifferent

I can love both fair and brown
Her whom abundance melts, und her whom want betrays,
Her who loves loneness best, and her who masks and plays,
Her whom the country formed, and whom the town,
Her who believes, and her who tries,
Her who still weeps with spongy eyes,
And her who is dry cork, and never cries;
I can love her, and her, and you and you,
I can love any, so she be not true.

Will no other vice content you?
Will it not serve your turn to do, as did your mothers?
Or have you all old viccs spent, and now would find out others?
Or doth a fear, that men are true, torment you?
Oh we are not, be not you so,
Let me, and do you, twenty know.
Rob me, but bind me not, and let me go.
Must I, who came to travel through you,
Grow your fixed subject, because you are true?

Venus heard me sigh this song,
And by love's sweetest part, variety, she swore,
She heard not this till now; and that it should be so no more.
She went, examined, and returned ere long,
And said, »Alas, some two or three
Poor heretics in love there be,
Which think to stablish dangerous constancy.
But I have told them, ›Since you will be true,
You shall be true to them, who are false to you.‹«

Der Indifferente

Ich liebe sie, blond oder braun,
Die Armut schmelzen macht, die Reichtum nur erwärmt,
Die fürs Alleinsein und die fürs Theater schwärmt,
Die Landgewächse und die Großstadtfraun,
Die jasagt und die stolz verneint,
Das Schwammaug, das beständig greint
Den knochentrocknen Kork, der niemals weint,
Ich liebe die und die und allerlei,
Gesetzt nur, daß sie treulos sei.

Genügt kein andres Laster euch?
Genügts euch nicht zu tun, was eure Mütter trieben?
Wollt ihr, der alten leid, ganz neue Laster üben?
Quält euch die Furcht, es wär ein Mann mal treu?
Uns nicht! Auch ihr sollts furchtlos sehn.
Gönnt mir, gönnt euch so zweimal zehn,
Beraubt, doch fesselt mich nicht, laßt mich gehn.
Muß ich, nur weil ich einmal in dich kroch
Und weil du treu bist, gleich ins feste Joch?

Venus vernahm mein Seufzerlied,
Die sich beim besten Teil der Liebe, dem Wechsel, schwor:
Das alles ist mir neu, das kommt auch nicht mehr vor!
Sie ging und mustert, was sie sieht.
Und kam bald wieder, sagte: Na,
So ein, zwei Liebesketzer da,
Die wolln die grauenhafte Treue ja,
Doch sagt ich ihnen: Ihr seid treu, na schön,
So seids halt solchen, die euch hintergehn.

Love's Usury

For every hour that thou wilt spare me now,
I will allow,
Usurious God of Love, twenty to thee,
When with my brown, my grey hairs equal be;
Till then, Love, let my body reign, and let
Me travel, sojourn, snatch, plot, have, forget,
Resume my last year's relict: think that yet
We had never met.

Let me think any rival's letter mine,
And at next nine
Keep midnight's promise; mistake by the way
The maid, and tell the Lady of that delay;
Only let me love none, no, not the sport;
From country grass, to comfitures of Court,
Or city's quelque-choses, let report
My mind transport.

This bargain's good; if when I am old, I be
Inflamed by thee,
If thine own honour, or my shame, or pain,
Thou covet, most at that age thou shalt gain.
Do thy will then, then subject and degree,
And fruit of love, Love, I submit to thee,
Spare me till then, I'll bear it, though she be
One that loves me.

Liebeswucher

Für jede Stunde Schonung biet ich dir
Einst fünf mal vier,
Du wucherischer Amor, sind mir mal
Die braun und grauen Haare gleich an Zahl.
Bis dahin aber herrsche nur der Leib!
Mach, daß bei allen (auch dem Vorjahrsweib,
Noch kenn ich dich ja nicht) ichs kräftig treib,
Beliebig komm, geh, bleib,

Daß ich Versprechen für die Mitternacht
Einlös um acht,
Vorher die Magd vernasch und dies als Grund
Für die Verzögerung tu der Dame kund.
Nur lieben laß mich nicht, nicht mal den »Spaß«,
Doch schon Gerücht von Hofkonfekt en masse,
Stadtbraten und auch Landobst, – reizen laß
Mich das, nur immer das!

Ein guter Handel wärs! Wenn du mich heiß
Machst noch als Greis
Und Ruhm für dich willst, Schand und Leid für mich,
Kriegst du am meisten, wenn viel Zeit verstrich.
Bestimme, Amor, dann wie's dir beliebt,
Wen wie, was man als Liebesziel vorgibt,
Und ich ertrag, wenn sich der Schluß verschiebt,
Auch eine, die mich liebt.

The Canonization

For God's sake hold your tongue, and let me love,
Or chide my palsy, or my gout,
My five grey hairs, or ruined fortune flout,
With wealth your state, your mind with arts improve,
Take you a course, get you a place,
Observe his Honour, or his Grace,
Or the King's real, or his stamped face
Contemplate; what you will, approve,
So you will let me love.

Alas, alas, who's injured by my love?
What merchant's ships have my sighs drowned?
Who says my tears have overflowed his ground?
When did my colds a forward spring remove?
When did the heats which my veins fill
Add one more to the plaguy bill?
Soldiers find wars, and lawyers find out still
Litigious men, which quarrels move,
Though she and I do love.

Call us what you will, we are made such by love;
Call her one, me another fly,
We are tapers too, and at our own cost die,
And we in us find the eagle and the dove;
The phoenix riddle hath more wit
By us; we two being one, are it.
So, to one neutral thing both sexes fit.
We die and rise the same, and prove
Mysterious by this love.

We can die by it, if not live by love,
And if unfit for tombs and hearse
Our legend be, it will be fit for verse;
And if no piece of chronicle we prove,
We'll build in sonnets pretty rooms;

Die Heiligsprechung

Um Gottswilln, halt den Mund und laß mich lieben!
Schmäh meine Pleite, meine Gicht
Mein fünftes graues Haar im Spottgedicht,
Schau, daß du deinen Wissenshunger stillst,
Erkauf dir Rang, erdien dir Sporen
Und Stellung bei Hochwohlgeboren,
Betracht des Königs wirkliches Gesicht
Und sein gemünztes, – was du willst,
Das tu, doch laß mich lieben.

Ach ja, wen kränkte je denn meine Liebe?
Sagt, ob in meinen Tränen wer ertrank?
Welch Handelsschiff je durch mein Seufzen sank?
Hielt auf mein Kaltsein je des Frühlings Sieg?
Trieb Fieber, das im Leib mir knister,
Je einen in das Pestregister?
Rechtsdreher finden Volk erpicht auf Zank
Und die Soldaten ihren Krieg,
Auch wenn wir beide lieben.

Nennt uns gleichwie – so macht uns unsre Liebe.
Ihr könnt zwei Falter in uns sehn,
Auch Kerzen, die in eigner Glut vergehn,
Taube und Adler sind zugleich in uns.
Das Phönixrätsel ward sinnreicher
In uns, der Einheit ungleich Gleicher.
Zweieinigen Geschlechts, neutralen Bunds
Sind wir in Tod und Auferstehn
Beweis des Wunders Liebe.

Tod gibt uns, gibt uns Leben nicht die Liebe,
Und taugt unsre Legende nicht
Fürs Grabdenkmal, so doch für ein Gedicht,
Und wenn uns die Geschichte auch nicht nennt,
Uns bergen Stanzen in Sonetten,

As well a well wrought urn becomes
The greatest ashes, as half-acre tombs,
And by these hymns, all shall approve
Us canonized for love.

And thus invoke us; »You whom reverend love
Made one another's hermitage;
You, to whom love was peace, that now is rage;
Who did the whole world's soul extract, and drove,
Into the glasses of your eyes,
So made such mirrors, and such spies,
That they did all to you epitomize,
Countries, towns, courts: beg from above
A pattern of your love!«

Wie schöne Urnen Asche betten
Gleich ackergroßem Grabesmonument.
Und daß der Hymnus von uns spricht
Als Heiligen der Liebe,

Ruft so uns an:»Ihr, die ehrfürchtige Liebe
(die heute rast, war friedlich sacht)
Eins zu des andern Klausnerei gemacht,
Die ihr die Seele, die die Welt belebt,
Zusammenzogt im Glas der Augen,
Die als Spion und Spiegel taugen,
In die im Auszug ihr habt eingebracht
Stadt, Land und Hof – von oben gebt
Ein Muster eurer Liebe!«

The Triple Fool

I am two fools, I know,
For loving, and for saying so
In whining poetry;
But where's that wiseman, that would not be I,
If she would not deny?
Then as th'earth's inward narrow crooked lanes
Do purge sea water's fretful salt away,
I thought, if I could draw my pains
Through rhyme's vexation, I should them allay.
Grief brought to numbers cannot be so fierce,
For, he tames it, that fetters it in verse.

But when I have done so,
Some man, his art and voice to show,
Doth set and sing may pain,
And by delighting many, frees again
Grief, which verse did restrain.
To love and grief tribute of verse belongs,
But not of such as pleases when 'tis read,
Both are increased by such songs:
For both their triumphs so are published,
And I, which was two fools, do so grow three;
Who are a little wise, the best fools be.

Dreifacher Narr

Zweifacher Narr, ich weiß,
Ich bins: Ich liebe und beschreis
In Jammerpoesien;
Doch wär der Klügste gerne, der ich bin,
Gäb sie sich endlich hin.
Wie enggewundenes Kanälenetz
Des Erdgrunds Salz aus Meereswasser siebt,
So, schien mir, würde milder auch mein Schmerz,
Wenn man ihn Reimzwang-Foltern unterzieht.
So ists doch, daß der Wohlklang Kummer lähmt,
Daß Fesselung in Reimen ihn bezähmt.

Kaum tat ichs, hats ein Mann,
Damit er sich hervortun kann,
Vertont – und singt mein Leid!
Schmerz wird zu vieler Lust und Freud
Aus Versehaft befreit.
Der Liebe und dem Schmerz gilt Verstribut,
Doch keiner, der erfreut, wenn man ihn liest,
Solcher Gesang mehrt beider Glut
Und meldet ihre Siege. Und du siehst,
Daß ich, zweifacher Narr, bin deren drei
Und daß, wer halbklug ist, der größte sei.

Lovers' Infiniteness

If yet I have not all thy love,
Dear, I shall never have it all;
I cannot breathe one other sigh, to move,
Nor can entreat one other tear to fall.
And all my treasure, which should purchase thee,
Sighs, tears, and oaths, and letters I have spent,
Yet no more can be due to me,
Than at the bargain made was meant.
If then thy gift of love were partial,
That some to me, some should to others fall,
Dear, I shall never have thee all.

Or if then thou gavest me all,
All was but all, which thou hadst then;
But if in thy heart, since, there be or shall
New love created be, by other men,
Which have their stocks entire, and can in tears,
In sighs, in oaths, and letters outbid me,
This new love may beget new fears,
For, this love was not vowed by thee.
And yet it was, thy gift being general,
The ground, thy heart is mine; whatever shall
Grow there, dear, I should have it all.

Yet I would not have all yet,
He that hath all can have no more,
And since my love doth every day admit
New growth, thou shouldst have new rewards in store;
Thou canst not every day give me thy heart,
If thou canst give it, then thou never gav'st it:
Love's riddles are, that though thy heart depart,
It stays at home, and thou with losing sav'st it:
But we will have a way more liberal,
Than changing hearts, to join them, so we shall
Be one, and one another's all.

Unendlichkeit der Liebenden

Hab ich noch nicht all deine Liebe,
Geliebte, hab ich 's All der Liebe nie.
Ich habe keinen Atem mehr für Seufzer,
Vergieß auch keine Tränen mehr um sie.
Und all mein Geld, das dich erkaufen sollt,
Die Seufzer, Schwüre, Tränen, sind vertan.
Mehr steht mir auch nicht zu als Sold
Nach unserm Liebeshandelsplan.
Verteilst du deine Liebe überall,
Daß Teil an mich und Teil an andre fall,
Hab ich dich niemals als ein All.

Für den Fall, du gabst mir alles,
War alles alles, was du hast.
Doch wird einmal dein Herz von neuer Liebe,
Von einem andern Mann dein Herz erfaßt,
Der alles noch auf Lager hat und mich
Mit Seufzern, Tränen, Schwüren übersticht,
Zeugt neue Liebe sicherlich
Neu Angst, denn die beschworst du nicht.
Doch alles war, was du den Menschen all
Geschenkt hast, mein, der Grund ist überall
Mein Herz und mein sein Früchtefall.

Doch ich möchte gar nicht alles,
Wer alles hat, hat auch kein Mehr,
's wär gut, es ging mit meiner Liebe Wachstum
Das Wachstum deines Lohnvorrats einher.
Das Herz kannst du nicht geben allezeit,
Du könntests nur, ists noch in deiner Brust.
Rätsel der Liebe: Das Herz bleibt, gings auch weit,
Daheim und du gewinnst es im Verlust.
Einssein durch Herzenstausch von Fall zu Fall?
Wir wollens nobler – ein für allemal
Eins sein und eins des andern All.

Song

Sweetest love, I do not go
For weariness of thee,
Nor in hope the world can show
A fitter love for me;
But since that I
Must die at last, 'tis best,
To use my self in jest
Thus by feigned deaths to die.

Yesternight the sun went hence,
And yet is here today,
He hath no desire nor sense,
Nor half so short a way:
Then fear not me,
But believe that I shall make
Speedier journeys, since I take
More wings and spurs than he.

O how feeble is man's power,
That if good fortune fall,
Cannot add another hour,
Nor a lost hour recall!
But come bad chance,
And we join to it our strength,
And we teach it art and length,
Itself o'er us to advance.

When thou sigh'st thou sigh'st not wind,
But sigh'st my soul away,
When thou weep'st, unkindly kind,
My life's blood doth decay.
It cannot be
That thou lov'st me, as thou say'st,
If in thine my life thou waste,
Thou art the best of me.

Lied

Schönste, Liebste, hör, ich geh
Nicht weil ich deiner leid,
Hoff auch nicht, die Welt hielt je
Ein bessers Lieb bereit;
Da ich zuletzt
Sicher sterbe, übe ich
Spielend schon im Sterben mich
Und sterb Scheintode jetzt.

Gestern ging die Sonn von hier
Und ist doch heute da,
Sehnsucht trieb nicht noch Begier,
War dir nicht halb so nah.
Drum fürchte nie,
Sondern glaub, ich mach daher
Schnellre Fahrt und nehme mehr
Flugschwingen mit als sie.

Starker Mensch, wie schwach bist du,
Verläßt dich 's gute Glück.
Keine Stund gewinnst du zu,
Verlorne nie zurück.
Komm, Unglück, denn!
Stärken wirs aus unsrer Kraft,
Lehrns Geduld und Machenschaft,
Daß es uns überrenn.

Seufzest du, ists nicht bloß Wind,
Die Seel hauchst du mir fort.
Weinst du, ungelind gelind,
mein Lebensblut verdorrt.
Liebend vereinst
Du, mein Herzstück, dich mit mir.
Liebst du noch, wenn du uns schier
Ausblutest, wenn du weinst?

Let not thy divining heart
Forethink me any ill,
Destiny may take thy part,
And may thy fears fulfil;
But think that we
Are but turned aside to sleep;
They who one another keep
Alive, ne'er parted be.

Laß dein Herz, wie sehr du bangst,
Kein Übel für mich sehn,
Schicksal läßt sonst deine Angst
Wohl in Erfüllung gehn.
Im Schlafe zwar
Liegen wir uns abgewandt:
Wahrn das Leben doch einand,
Nichts trennt ein solches Paar.

The Legacy

When I died last, and, dear, I die
As often as from thee I go,
Though it be an hour ago,
And lovers' hours be full eternity,
I can remember yet, that I
Something did say, and something did bestow;
Though I be dead, which sent me, I should be
Mine own executor and legacy.

I heard me say, Tell her anon,
That my self, that is you, not I,
Did kill me, and when I felt me die,
I bid me send my heart, when I was gone;
But I alas could there find none,
When I had ripped me, and searched where hearts should lie;
It killed me again that I who still was true,
In life, in my last will should cozen you.

Yet I found something like a heart,
But colours it, and corners had,
It was not good, it was not bad,
It was entire to none, and few had part.
As good as could be made by art
It seemed, and therefore for our losses sad,
I meant to send this heart instead of mine,
But oh, no man could hold it, for 'twas thine.

Das Vermächtnis

Sterb ich zum letzten Mal, und sieh,
Ich sterb, sooft ich von dir geh,
Und eine Stunde auch vergeh,
Und Stunden Liebender sind Ewigkeit,
So weiß ich doch noch irgendwie,
Daß ich dir was vererbte seinerzeit.
Ich, der mich schickt, bin dann ein Toter zwar,
Doch bin ich selbst mein Nachlaß und Notar.

Ich hört mich sagen: Sagt ihr eins,
Daß ich (und das bist du, nicht ich)
Mich tötete; und als ich mich
Im Sterben fühlte, dir mein Herz entbot.
Und, ach, mich öffnend fand ich keins,
Wo sonst das Herz ist. Das war zweiter Tod,
Daß ich, im Leben Lügen stets abhold,
Im Letzten Willen dich betrügen sollt.

Doch fand ich so was wie ein Herz.
Es war ein Form- und Farbgeflecht,
Es war nicht gut, doch auch nicht schlecht,
Viel hatte Teil dran, keines wesentlich.
Ein leidlich gutes Kunstding. Und im Schmerz
Um unsere Verluste wollte ich
Dir dieses Herz nun schicken und nicht meins.
Doch oh, es war nicht menschlich, es war deins.

A Fever

Oh do not die, for I shall hate
All women so, when thou art gone,
That thee I shall not celebrate,
When I remember, thou wast one.

But yet thou canst not die, I know;
To leave this world behind, is death,
But when thou from this world wilt go,
The whole world vapours with thy breath.

Or if, when thou, the world's soul, go'st,
It stay, 'tis but thy carcase then,
The fairest woman, but thy ghost,
But corrupt worms, the worthiest men.

Oh wrangling schools, that search what fire
Shall burn this world, had none the wit
Unto this knowledge to aspire,
That this her fever might be it?

And yet she cannot waste by this,
Nor long bear this torturing wrong,
For much corruption needful is
To fuel such a fever long.

These burning fits but meteors be,
Whose matter in thee is soon spent.
Thy beauty, and all parts, which are thee,
Are unchangeable firmament.

Yet 'twas of my mind, seizing thee,
Though it in thee cannot persever.
For I had rather owner be
Of thee one hour, than all else ever.

Ein Fieber

O stirb nicht, denn mein Groll gilt dann
Den Fraun, wenn ich am Leben bleib,
Da ich dich nicht mehr feiern kann,
Bedenke ich, auch du warst Weib.

Noch kannst du sterben nicht, ich weiß,
Denn Tod heißt aus der Welt weggehn.
Doch gehst du aus der Welt, wird heiß
In deinem Atem sie verwehn.

Wenn du, Weltseele, so verbrennst,
Ist Welt nur noch dein Leichnam dann,
Das schönste Weib nur ein Gespenst,
Zerfreßner Wurm der beste Mann.

O Schulenstreit, der witzlos fragt,
Welch Feuer diese Welt durchbrennt.
Ist keiner, der die Antwort wagt,
Daß dies ihr Fieber es sein könnt?

Doch wird sie dadurch nicht verglühn,
Noch wird das Übel lange währn.
Denn viel Verwesung muß sich mühn,
Ein Fieber längre Zeit zu nährn.

Doch dieses Fiebers Brennstoff ist
Sternschnuppenschnell in dir verbrannt,
Dein Schönsein, alles was du bist,
Hat unveränderlich Bestand.

Aus meinem Geist ergriff es dich,
Und gehts in deinem auch zugrunde,
Lieber als alles wollte ich
Dich, dich besitzen – eine Stunde!

Air and Angels

Twice or thrice had I loved thee,
Before I knew thy face or name;
So in a voice, so in a shapeless flame
Angels affect us oft, and worshipped be;
Still when, to where thou wert, I came,
Some lovely glorious nothing I did see.
But since my soul, whose child love is,
Takes limbs of flesh, and else could nothing do,
More subtle than the parent is
Love must not be, but take a body too,
And therefore what thou wert, and who
I bid love ask, and now
That it assume thy body, I allow,
And fix itself in thy lip, eye, and brow.

Whilst thus to ballast love I thought,
And so more steadily to have gone,
With wares which would sink admiration,
I saw, I had love's pinnace overfraught,
Every thy hair for love to work upon
Is much too much, some fitter must be sought;
For, nor in nothing, nor in things
Extreme, and scatt'ring bright, can love inhere;
Then as an angel, face and wings
Of air, not pure as it, yet pure doth wear,
So thy love may be my love's sphere;
Just such disparity
As is 'twixt air and angels' purity,
'Twixt women's love, and men's will ever be.

Luft und Engel

Zwei-, dreimal liebte ich dich schon,
Als fremd mir noch dein Name und Gesicht,
Verzückt wie wenn ein Engel zu uns spricht
Als körperlose Flamme oder Ton.
Noch als ich bei ihr, sah ich lohn
So etwas wie ein lieblich strahlndes Nicht.
Da aber meine Seele nun,
Auf daß sie wirke, Fleisch annimmt und Bein,
Kann Liebe, ihr Kind, nichts Feinres tun
Als einen Leib zu haben (nicht zu sein).
Drum ließ dein Wesen Liebe ich haarklein
Erkunden und entwirrn,
Und laß sie nun in deinen Leib sich schirrn
Und festigen in Auge, Mund und Stirn.

Dem Liebesboot lud auf ich Last
Schwerer als der Bewundrung leichte Fracht,
Daß stetigere, ruhige Fahrt es macht,
Doch hätte ich es überladen fast,
Dein Haar ist nicht für Liebeslast gedacht
Und ihrer Wirkung ists nicht angepaßt.
Nicht prächtigen Dingen, nicht dem Nichts,
Nicht den Extremen fügt sich Liebe ein.
Wie Engel Schwingen und Gesicht
Von Luft hat, zwar nicht engelrein, doch rein,
Kann deine meiner Liebe Sphäre sein.
Grad solche Ungleichheit,
Die Luft- und Engelreinheit unterscheidt,
Trennt Fraun- und Männerliebe in Ewigkeit.

Break of Day

'Tis true, 'tis day, what though it be?
O wilt thou therefore rise from me?
Why should we rise, because 'tis light?
Did we lie down, because 'twas night?
Love which in spite of darkness brought us hither,
Should in despite of light keep us together.

Light hath no tongue, but is all eye;
If it could speak as well as spy,
This were the worst, that it could say,
That being well, I fain would stay,
And that I loved my heart and honour so,
That I would not from him, that had them, go.

Must business thee from hence remove?
Oh, that's the worst disease of love,
The poor, the foul, the false, love can
Admit, but not the busied man.
He which hath business, and makes love, doth do
Such wrong, as when a married man doth woo.

Tagesanbruch

Der Tag bricht an! Na und? Und wenn!
O willst du deshalb von mir gehn?
Aufstehn warum? Weils morgenklar?
Sind wir zu Bett, weils dunkel war?
Liebe, die trotz des Dunkels uns vereint,
Sollt uns vereinen, auch wenns Licht nun scheint.

Licht, Auge ganz, hat keinen Mund.
Wärs wie des Sehns des Sprechens kund,
Das Schlimmste was es spräch wär dies:
Daß ich gern bleib, weil ich genieß,
Und daß ich, weil mir Herz und Ehre lieb,
So gern bei dem Besitzer beider blieb.

Reißt du dich für Geschäfte los?
Das wär der Liebe Todesstoß.
Liebe läßt falschen, armen Wicht,
Selbst bösen zu – geschäftigen nicht.
Wer sich Geschäften und der Liebe weiht,
Tut übel wie ein Ehemann, der freit.

The Anniversary

All kings, and all their favourites,
All glory of honours, beauties, wits,
The sun itself, which makes times, as they pass,
Is elder by a year, now, than it was
When thou and I first one another saw:
All other things, to their destruction draw,
Only our love hath no decay;
This, no tomorrow hath, nor yesterday,
Running it never runs from us away,
But truly keeps his first, last, everlasting day.

Two graves must hide thine and my corse,
If one might, death were no divorce,
Alas, as well as other princes, we,
(Who prince enough in one another be)
Must leave at last in death, these eyes, and ears,
Oft fed with true oaths, and with sweet salt tears;
But souls where nothing dwells but love
(All other thoughts being inmates) then shall prove
This, or a love increased there above,
When bodies to their graves, souls from their graves remove.

And then we shall be throughly blessed,
But we no more, than all the rest.
Here upon earth we are kings, and none but we
Can be such kings, nor of such subjects be;
Who is so safe as we? where none can do
Treason to us, except one of us two.
True and false fears let us refrain,
Let us love nobly, and live, and add again
Years and years unto years, till we attain
To write threescore, this is the second of our reign.

Der Jahrestag

Die Könige, ihr Günstlingsheer,
Der Glanz von Schönheit, Geist und Ehr,
Die Zeiterschaffrin Sonne, sie sogar
Ist um ein Jahr nun älter, als sie war,
Da wir zuerst uns sahen, ich und du.
Sie alle treiben der Vernichtung zu.
Unserer Liebe kann dies nicht geschehn!
Kein Morgen ist, kein Gestern ist zu sehn,
Hingehend wird sie doch nicht von uns gehn,
Läßt immerwährend ihren ersten Tag bestehn.

Ein Grab für jeden würd entzwein.
Birgt eins, kann Tod nicht Scheidung sein.
Ach, wir so gut wie alle Fürsten fahrn,
Wir, die wir Fürsten hier einander warn,
Im Tod dahin, verlassen Aug und Ohr,
Genährt von Schwüren und Tränensalz zuvor.
Doch Seelen, drin nur Liebe währt,
Von anderen Gedanken nicht beschwert,
Beweisen sie, vielleicht noch hoch vermehrt,
Wenn in das Grab der Leib, die Seele aus ihm fährt.

Dann wird uns beiden höchstes Heil,
Nicht mehr als andern zwar, zuteil.
Auf Erden sind wir Könige, uns allein
Gelingt es, Herr und Untertan zu sein.
Wer ist gefeit wie wir? Wer könnte nun
Verrat begehn, wenn wirs nicht selber tun?
Laß alle Furcht, die einbildbar,
Uns abtun, fürstlich liebend Jahr an Jahr
Und Jahre fügend, bis an dreißig Paar
Erfüllt sind. Dies ist unser zweites Herrschaftsjahr!

A Valediction: of my Name in the Window

My name engraved herein,
Doth contribute my firmness to this glass,
Which, ever since that charm, hath been
As hard, as that which graved it, was;
Thine eye will give it price enough, to mock
The diamonds of either rock.

'Tis much that glass should be
As all confessing, and through-shine as I,
'Tis more, that it shows thee to thee,
And clear reflects thee to thine eye.
But all such rules, love's magic can undo,
Here you see me, and I am you.

As no one point, nor dash,
Which are but accessory to this name,
The showers and tempests can outwash,
So shall all times find me the same;
You this entireness better may fulfil,
Who have the pattern with you still.

Or if too hard and deep
This learning be, for a scratched name to teach,
It as a given death's head keep
Lovers' mortality to preach,
Or think this ragged bony name to be
My ruinous anatomy.

Then, as all my souls be
Emparadised in you, (in whom alone
I understand, and grow and see)
The rafters of my body, bone
Being still with you, the muscle, sinew, and vein,
Which tile this house, will come again.

Ein Abschied: Auf meinen Namen im Fenster

Mein Name, eingeritzt,
Teilt meine Festigkeit dem Glase mit,
Das seit dem Zauberakt besitzt
Die Härte dessen, der ihn schnitt;
Dein Aug schätzt seinen Wert viel höher ein
Als Indiens Diamantgestein.

Gut, daß es nichts verschweigt,
Das Glas, und so durchschaubar ist wie ich,
Noch besser, daß es dich dir zeigt
Und deinem Aug zurückwirft dich.
Doch gehts durch Liebeszauber anders zu:
Hier siehst du mich, und ich bin du.

Wie weder Punkt noch Strich,
Zusätze bloß zu deinem Namen, kein
Gewitterguß verwäscht, will ich
Zu jeder Zeit derselbe sein.
Du leistest das Sich-Treusein leichter fast,
Weil du doch stets das Muster hast.

Wenn es zu tief dir ging,
Was man durch Namensstudium lernt und ahnt,
Halt ihn fürn Totenschädelring,
Der Liebende ans Sterben mahnt,
Schau Knochensplitter meines Namens all
Als mein Skelett an im Zerfall.

Da Geist, Gefühl, Gedeihn,
Meine drei Seelen, selig du vereinst,
Kommt auch zu ihnen mein Gebein,
Das Balkenwerk des Körpers, einst
Mit Nerven und mit Sehnen, Stück für Stück,
Zur Seele kommt der Leib zurück.

Till my return repair
And recompact my scattered body so,
As all the virtuous powers which are
Fixed in the stars, are said to flow
Into such characters, as graved be
When these stars have supremacy,

So since this name was cut
When love and grief their exaltation had,
No door 'gainst this name's influence shut;
As much more loving, as more sad,
'Twill make thee; and thou shouldst, till I return,
Since I die daily, daily mourn.

When thy inconsiderate hand
Flings ope this casement, with my trembling name,
To look on one, whose wit or land,
New battery to thy heart may frame,
Then think this name alive, and that thou thus
In it offend'st my Genius.

And when thy melted maid,
Corrupted by thy lover's gold, and page,
His letter at thy pillow hath laid,
Disputed it, and tamed thy rage,
And thou begin'st to thaw towards him, for this,
May my name step in, and hide his.

And if this treason go
To an overt act, and that thou write again;
In superscribing, this name flow
Into thy fancy, from the pane.
So, in forgetting thou rememberest right,
And unaware to me shalt write.

But glass, and lines must be
No means our firm substantial love to keep;

Vor meiner Rückkehr stell
Zerstückten Leibes Gänze wieder her,
Da mächtiger Sterne Kräftequell
Einfließen wird, so geht die Mär,
In eines Namens Schriftzug, schreibt man den,
Wenn sie im Aszendenten stehn.

Drum schnitt den Namen ich,
Als auf dem Höchstpunkt waren Lieb und Schmerz.
Versperr nicht deinem Einfluß dich,
Wenn dir mehr Liebe auch ins Herz
Mehr Trauer bringt. Du klagst dein Weh,
Wie ich täglich sterbe, wenn ich geh.

Wenn arglos deine Hand
Dies Fenster aufstößt, drin mein Name brennt,
Um einen anzusehn, der dir galant
Mit Witz und mit Besitz dein Herz berennt,
Bedenk, mein Name lebt und daß dein Stoß
Auch meinen Geist trifft rücksichtslos.

Legt deine Magd, massiv
Bestochen durch sein Geld und seinen Knecht,
Dir auf das Kissen seinen Brief,
Und dich beruhigt, gut nennt, was schlecht,
Und du schon anfängst für ihn aufzutaun,
Wirst meinen Namen du erschaun.

Und wird nun solch Verrat
Offen geübt, das heißt du schreibst an ihn,
Dann fließt mein Name aus dem Glas
In deine Liebesphantasien,
Und du vergißt, erinnerst richtig dich
Und unbewußt schreibst du an mich.

Doch unsrer Liebe Schrein
Soll keine Namenszeile sein, kein Glas.

Near death inflicts this lethargy,
And this I murmur in my sleep;
Impute this idle talk, to that I go,
For dying men talk often so.

Todnähe bringt dies Schläfrigsein.
Dies murmle ich im Schlaf – so halte das
Geschwätz zugute dem, der fortgeht – oh,
So reden Sterbende, grad so.

Twickenham Garden

Blasted with sighs and surrounded with tears,
Hither I come to seek the spring,
And at mine eyes and at mine ears,
Receive such balms, as else cure everything;
But O, self traitor, I do bring
The spider love, which transubstantiates all,
And can convert manna to gall,
And that this place may thoroughly be thought
True paradise, I have the serpent brought.

'Twere wholesomer for me, that winter did
Benight the glory of this place,
And that a grave frost did forbid
These trees to laugh, and mock me to my face;
But that I may not this disgrace
Endure, nor yet leave loving, Love, let me
Some senseless piece of this place be;
Make me a mandrake, so I may groan here,
Or a stone fountain weeping out my year.

Hither with crystal vials, lovers come,
And take my tears, which are love's wine,
And try your mistress' tears at home,
For all are false that taste not just like mine;
Alas, hearts do not in eyes shine,
Nor can you more judge woman's thoughts by tears,
Than by her shadow what she wears.
O perverse sex, where none is true but she,
Who's therefore true, because her truth kills me.

Der Garten von Twickenham

Von Seufzern umstürmt, von Tränen umdrängt,
Komm ich und such den Frühling hier
Und spür, mein Aug und Ohr empfängt
Den Balsam, sonst allheilndes Elixier,
Doch hab, o Selbstverrat, bei mir
Die Spinne Liebe ich, den Alkahest,
Der Manna Galle werden läßt,
Und, was den Ort zum wahren Eden macht
Für Denkende, die Schlange mitgebracht.

Heilsamer wär mir, Winter überzög
Mit Dunkel dieses Gartens Pracht,
Wenn strenger Frost dem Hain verböt,
Daß er so höhnisch ins Gesicht mir lacht.
Daß ich nicht leide solche Schmach,
Mach, Liebe, mich, daß Weiterlieben glück,
Zu seelenlosem Rasenstück,
Mach zum Alraun mich, der hier stöhnt und greint,
Zum Felsquell, der den Lebenstag verweint.

Kommt, Liebende, mit Schalen von Kristall
Für Wein, den meine Liebe weint.
Der Freundin Tränen prüft: im Fall
Sie schmecken anders, sind sie falsch gemeint.
Das Herz, ach, nie im Aug erscheint.
Was Frau denkt zeigen Tränen so genau
Wie Schatten das Gewand der Frau.
Geschlecht voll Unnatur, wo Treu nur pflegt,
Die weiß, daß ihre Treue mich erschlägt.

A Valediction: of the Book

I'll tell thee now (dear love) what thou shalt do
To anger destiny, as she doth us,
How I shall stay, though she esloign me thus,
And how posterity shall know it too;
How thine may out-endure
Sibyl's glory, and obscure
Her who from Pindar could allure,
And her, through whose help Lucan is not lame,
And her, whose book (they say) Homer did find, and name.

Study our manuscripts, those myriads
Of letter, which have past 'twixt thee and me,
Thence write our annals, and in them will be
To all whom love's subliming fire invades,
Rule and example found;
There, the faith of any ground
No schismatic will dare to wound,
That sees, how Love this grace to us affords,
To make, to keep, to use, to be these his records.

This book as long lived as the elements,
Or as the world's form, this all-graved tome
In cypher write, or new made idiom;
We for Love's clergy only are instruments,
When this book is made thus;
Should again the ravenous
Vandals and Goths inundate us,
Learning were safe; in this our universe
Schools might learn sciences, spheres music, angels verse.

Here Love's divines (since all divinity
Is love or wonder) may find all they seek,
Whether abstract spiritual love they like,
Their souls exhaled with what they do not see,
Or, loth so to amuse

Ein Abschied: Über das Buch

Ich sag dir, Liebste, was du tun mußt, jetzt,
Das Schicksal so zu plagen, wie's uns plagt,
Wie ich bestehn kann, wenn von hier verjagt,
Und wie die Nachwelt du in Kenntnis setzt;
Wie dein Ruhm länger währt
Als der Sybille, Ruhm verjährt,
Der Pindars Gegnerin verklärt,
Der Ruhm der Frau, die dem Lukan beistand
Und jener, deren Buch, so heißts, Homer einst fand.

Studier, was wir geschrieben, die Billion
Von Briefen zwischen uns; dann schreibe sie,
Unsre Annalen! Darin werden die,
Die Liebesfeuer, läuternde, durchlohn,
Regel und Beispiel sehn,
Den wahren Glauben, den
Selbst Liebesketzer nicht verdrehn,
Erkennt man: Liebe erwies uns, uns allein
Die Gunst, ihr Hauptarchiv zu schreiben und zu sein.

Ein Buch, langlebig wie der Bau der Welt
Und ihrer Elemente, Prachtfoliant
In Chiffrensprache niegekannt,
Des Sinn sich Liebespriestern nur erhellt.
Ist so das Buch, so tut
Vandaln- und Gotenflut
Uns nichts! Es schützt das Wissensgut
Dies Buch, ist Schülern Enzyklopädie,
Lehrt Sphären die Musik und Engeln Poesie.

Die Liebespriester (alle Theologie
Ist Liebe oder Wunder) finden hier,
Was sie gesucht: Geistige Liebe schier,
Die Seeln verzehrt von reiner Phantasie.
Ist schwach der Glaube, dann

Faith's infirmity, they choose
Something which they may see and use;
For, though mind be the heaven, where love doth sit,
Beauty a convenient type may be to figure it.

Here more than in their books may lawyers find,
Both by what titles mistresses are ours,
And how prerogative these states devours,
Transferred from Love himself, to womankind,
Who though from heart, and eyes,
They exact great subsidies,
Forsake him who on them relies,
And for the cause, honour, or conscience give,
Chimeras, vain as they, or their prerogative.

Here statesmen (or of them, they which can read)
May of their occupation find the grounds,
Love and their art alike it deadly wounds,
If to consider what 'tis, one proceed,
In both they do excel
Who the present govern well,
Whose weakness none doth, or dares tell;
In this thy book, such will their nothing see,
As in the Bible some can find out alchemy.

Thus vent thy thoughts; abroad I'll study thee,
As he removes far off, that great heights takes;
How great love is, presence best trial makes,
But absence tries how long this love will be;
To take a latitude
Sun, or stars, are fitliest viewed
At their brightest, but to conclude
Of longitudes, what other way have we,
But to mark when and where the dark eclipses be?

Wählt zur Ermuntrung man,
Was man auch sehn und nutzen kann;
Zwar ist der Geist der Liebe Himmelsthron,
Am besten doch verkörpert Schönheit die Vision.

Hier, nicht im Kodex, findet der Jurist,
Durch welches Recht die Liebste uns gehört.
Und wie das Vorrecht Männschenrecht zerstört,
Vorrecht, das Liebe nur der Frau zumißt,
Die Aug und Herz erpreßt
Um Gelder, Spiel und Fest,
Doch den, der ihr vertraut, verläßt
Und dann als Grund »Gewissen« angibt oder »Ehr«,
Chimären sinds und sind wie auch ihr Vorrecht: leer.

Hier liest der Staatsmann (der, der lesen kann)
All seiner Tätigkeit Gesetz und Grund;
Liebe und Staatskunst trifft es tödlich wund,
Fängt man ihr Wesen zu durchschauen an.
Die zwei sind exzellent
In ihrem Regiment,
Weil niemand ihre Schwäche nennt,
Doch sehn im Buch ihr nichtiges Wesen sie,
Wie manche Deutler in der Bibel Alchemie.

Schreib, was du denkst; im Ausland les ich dich,
Zurückgebeugt wie der, der Höhen mißt.
Das Hiersein zeigt wie groß die Liebe ist,
Doch ihre Dauer erweist im Fernsein sich.
Den Breitengrad erkennt
Man, wenn am Firmament
Sonne und Stern am hellsten brennt,
Bei Längengradbestimmung helfen nur
Die Daten (Wann? Wo?) der Eklipsen auf die Spur.

Community

Good we must love, and must hate ill,
For ill is ill, and good good still,
But there are things indifferent,
Which we may neither hate, nor love,
But one, and then another prove,
As we shall find our fancy bent.

If then at first wise Nature had
Made women either good or bad,
Then some we might hate, and some choose,
But since she did them so create,
That we may neither love, nor hate,
Only this rests, All, all may use.

If they were good it would be seen,
Good is as visible as green,
And to all eyes itself betrays:
If they were bad, they could not last,
Bad doth itself, and others waste,
So, they deserve nor blame, nor praise.

But they are ours as fruits are ours,
He that but tastes, he that devours,
And he that leaves all, doth as well:
Changed loves are but changed sorts of meat,
And when he hath the kernel eat,
Who doth not fling away the shell?

Vertauschbarkeit

Man liebt was gut, man haßt was schlecht,
Denn schlecht bleibt schlecht und recht bleibt recht.
Doch Dinge gibts, die unbestimmt,
Die man nicht liebt und auch nicht haßt,
Die man mal so, mal so erfaßt,
Wie's unsre Neigung grade nimmt.

Wenn die Natur nun wohlbedacht
Die Fraun nicht gut, nicht schlecht gemacht,
Darf man *die* lieben, andre schmähn.
Und da sie so beschaffen, daß
Man weder Liebe fühlt noch Haß,
Bleibt nur: mit allen umzugehn.

Und wärn sie gut, säh mans genau,
Denn Gut ist sichtbar wie das Blau,
Verrät dem Aug sich gleicherweis.
Und wärn sie schlecht, sie lebten nicht,
Weil Schlechtes selber sich zerbricht -
So braucht es weder Schimpf noch Preis.

Sie sind für uns wie eine Frucht:
Ob man verzehrt, verschmäht, versucht,
Ist alles einerlei, mein Wort!
Für Liebe und Essen gilt *ein* Maß:
Abwechslung. Wer das Fruchtfleisch aß,
Wirft der nicht auch die Schale fort?

Love's Growth

I scarce believe my love to be so pure
As I had thought it was,
Because it doth endure
Vicissitude, and season, as the grass;
Methinks I lied all winter, when I swore,
My love was infinite, if spring make it more.
But if this medicine, love, which cures all sorrow
With more, not only be no quintessence,
But mixed of all stuffs, paining soul, or sense,
And of the sun his working vigour borrow,
Love's not so pure, and abstract, as they use
To say, which have no mistress but their Muse,
But as all else, being elemented too,
Love sometimes would contemplate, sometimes do.

And yet not greater, but more eminent,
Love by the spring is grown;
As, in the firmament,
Stars by the sun are not enlarged, but shown,
Gentle love deeds, as blossoms on a bough,
From love's awakened root do bud out now.
If, as in water stirred more circles be
Produced by one, love such additions take,
Those like so many spheres, but one heaven make,
For, they are all concentric unto thee;
And though each spring do add to love new heat,
As princes do in times of action get
New taxes, and remit them not in peace,
No winter shall abate the spring's increase.

Wachstum der Liebe

Ich glaub, so rein ist meine Liebe kaum
Wie ich sie wohl bemaß.
Sie leidet wie ein Baum
Verändrung, Jahreszeiten wie das Gras.
Mich dünkt, ich log im Winter, wenn ich schwor,
Sie sei unendlich, bringt der Frühling mehr hervor.
Doch wenn die Liebe (Heiltrunk, der das Leid
Mit Leiden heilt, nicht nur nicht Quintessenz,
Nein, leib- und seelenquälndes Reagenz,
Das von der Sonne seine Wirkkraft leiht)
Ist sie so absolut nicht, wie sie nennt,
Der als Geliebte nur die Muse kennt,
Sie wird, da Element-Gemisch, sich wandeln,
Zuweilen meditieren, manchmal handeln.

Durch Frühling ward die Liebe größer nicht,
Doch klar hervorgebracht.
So wie das Sonnenlicht
Den Stern nicht größer, sondern sichtbar macht.
Zärtliche Liebestaten sprossen reich
Aus wacher Wurzel wie die Blüten am Gezweig.
Wie Kreise im erregten Wasser sich
Vermehren, wuchs und ward die Liebe groß.
So viele Sphären, doch *ein* Himmel bloß:
Sie sind konzentrisch angelegt um dich.
Wie jeder Mai die Liebesglut vermehrt,
Wie Fürsten Krieg ein Steuerplus beschert,
Das Friedenszeiten keineswegs dann lindern,
Soll Winter Frühlingswachstum nicht vermindern.

Love's Exchange

Love, any devil else but you,
Would for a given soul give something too.
At Court your fellows every day,
Give th' art of rhyming, huntsmanship, and play,
For them who were their own before;
Only I have nothing which gave more,
But am, alas, by being lowly, lower.

I ask not dispensation now
To falsify a tear, or sigh, or vow,
I do not sue from thee to draw
A *non obstante* on nature's law,
These are prerogatives, they inhere
In thee and thine; none should forswear
Except that he Love's minion were.

Give me thy weakness, make me blind,
Both ways, as thou and thine, in eyes and mind;
Love, let me never know that this
Is love, or, that love childish is.
Let me not know that others know
That she knows my pain, lest that so
A tender shame make me mine own new woe.

If thou give nothing, yet thou' art just,
Because I would not thy first motions trust;
Small towns which stand stiff, till great shot
Enforce them, by war's law condition not.
Such in love's warfare is my case,
I may not article for grace,
Having put Love at last to show this face.

This face, by which he could command
And change the idolatry of any land,

Entgelt der Liebe

Kein Teufel, Amor, außer dir,
Der für geschenkte Seele nichts spendier!
Höflinge selbst, auch Teufelsbrut,
Bezahln mit Festen, Jagden, Glücksspielgut
Die Seel, die ihnen sich ergab.
Ich gab viel mehr für nichts. Ich hab
Gebettelt, ach, geh drum am Bettelstab.

Kein Ausnahmsrecht erbitt ich hier
Auf falsche Tränen, Seufzer, Schwüre mir
Und klage auch gerichtlich kein
Dispens von den Naturgesetzen ein,
Das Vorrecht, dir und deinem Schlag
Wohl angestammt seit frühstem Tag,
Dem einzig Amors Günstling abschwörn mag.

Schwäch mich und mach mich blöd und blind
Wie du es bist, die Liebenden es sind.
Erklär mir, Liebe, nicht, dies sei
Die Liebe und daß Liebe Kinderei.
Und gib mir nicht davon Bescheid,
Daß sie Bescheid weiß um mein Leid,
Damit nicht Scham mir neues Weh bereit.

Doch gibst du nichts, tust dus mit Fug,
Da ich mißtraut hab deinem ersten Zug.
Die Stadt, die trotzt, bis härtester Stoß
Sie schleift, ergibt sich dann bedingungslos.
So gehts im Liebeswaffengang
Mir, der Pardon ich nicht erlang,
Weil ich Amor dies Gesicht zu zeigen zwang:

O ihr Gesicht! Mit ihm hat er
Den Götzendienst verwandelt ringsumher.

This face, which wheresoe'er it comes,
Can call vowed men from cloisters, dead from tombs,
And melt both poles at once, and store
Deserts with cities, and make more
Mines in the earth, than quarries were before.

For this Love is enraged with me,
Yet kills not. If I must example be
To future rebels; if th' unborn
Must learn, by my being cut up, and torn:
Kill, and dissect me, Love; for this
Torture against thine own end is,
Racked carcases make ill anatomies.

Wo ES ist, rufts landauf landab
Mönche aus Klöstern, Tote aus dem Grab,
Schmilzt beide Pole ab und leer,
Baut Städte in Wüsten, bohrt noch mehr
Goldgruben als es Steinbrüch gab vorher.

Dafür haßt Amor mich, allein,
Er tötet mich nicht. Muß ich Beispiel sein,
Das künftige Rebellen schreckt,
Sehn sie mein Innres aufgedeckt,
Töt und sezier mich. Doch es gilt,
Es zeigt der Leib, gequält und wild
Zerfleischt, ein anatomisch falsches Bild.

Confined Love

Some man unworthy to be possessor
Of old or new love, himself being false or weak,
Thought his pain and shame would be lesser,
If on womankind he might his anger wreak,
And thence a law did grow,
One should but one man know;
But are other creatures so?

Are sun, moon, or stars by law forbidden,
To smile where they list, or lend away their light?
Are birds divorced, or are they chidden
If they leave their mate, or lie abroad a-night?
Beasts do no jointures lose
Though they new lovers choose,
But we are made worse than those.

Who e'er rigged fair ship to lie in harbours,
And not to seek new lands, or not to deal withal?
Or built fair houses, set trees, and arbours,
Only to lock up, or else to let them fall?
Good is not good, unless
A thousand it possess,
But doth waste with greediness.

Begrenzte Liebe

Unwürdig der Liebe, alter und neuer,
Meint einer, der selber treulos und fies,
Sein Schmerz, seine Schmach verlörn an Feuer,
Wenn er an den Fraun seinen Zorn ausließ.
Draus ward Gesetzesbrauch –
Ein Mann pro Kopf und Bauch.
Doch bei andern Wesen auch?

Verbieten Gesetze Mond, Sonne und Sternen
Beliebig zu lächeln, Licht zu verleihn?
Sind Vögel geschieden, wenn sie sich entfernen,
Um eine Nacht lang woanders zu sein?
Tier bleibt dem Tier gesellt,
Suchts neuen Schatz im Feld.
Schlechter sind wir da gestellt.

Wer takelt ein Schiff, daß es im Hafen säume
Und nicht, daß es Länder dem Handel entdeck?
Wer baute ein Lusthaus und schließt die Räume?
Wer pflanzt einen Baum und haut ihn gleich weg?
Gutes ist nur etwas wert,
Wenn es Tausenden gehört.
Nur durch Habgier wirds zerstört.

The Dream

Dear love, for nothing less than thee
Would I have broke this happy dream,
It was a theme
For reason, much too strong for fantasy,
Therefore thou waked'st me wisely; yet
My dream thou brok'st not, but continued'st it,
Thou art so true, that thoughts of thee suffice,
To make dreams truths, and fables histories;
Enter these arms, for since thou thought'st it best,
Not to dream all my dream, let's act the rest.

As lightning, or a taper's light,
Thine eyes, and not thy noise waked me;
Yet I thought thee
(For thou lov'st truth) an angel, at first sight,
But when I saw thou saw'st my heart,
And knew'st my thoughts, beyond an angel's art,
When thou knew'st what I dreamed, when thou knew'st when
Excess of joy would wake me, and cam'st then,
I must confess, it could not choose but be
Profane, to think thee anything but thee.

Coming and staying showed thee, thee,
But rising makes me doubt, that now,
Thou art not thou.
That love is weak, where fear's as strong as he;
'Tis not all spirit, pure, and brave,
If mixture it of fear, shame, honour have.
Perchance as torches which must ready be,
Men light and put out, so thou deal'st with me,
Thou cam'st to kindle, goest to come; then I
Will dream that hope again, but else would die.

Der Traum

Geliebter Schatz, für dich allein
Brach ich den Glückstraum ab und fand:
Ein Gegenstand
Fürs Denken, viel zu tief für Träumerein.
Wohlweislich wecktest du mich jetzt,
Denn so hast meinen Traum du fortgesetzt.
Du bist so echt, es heißt dich denken schlicht:
Der Traum wird wahr, die Fabel zum Bericht.
In meine Arme komm! Du bist bestrebt,
Daß man den Traum nicht austräumt, sondern lebt.

Tonlos wie Blitz und Kerzenschein,
So weckten deine Augen mich.
Erst dachte ich
(Trug liebst du nicht) du mußt ein Engel sein.
Doch als ich sah, du siehst mein Herz und weißt
Meine Gedanken besser als ein Geist
Und meine Träume kanntest und vernahmst,
Wann höchste Lust mich weckte und dann kamst,
Mußt ich gestehn, es wäre lästerlich,
Dich für was andres anzusehn als dich.

Gehn, Kommen zeigte, wer du bist.
Dein Aufstehn nun mich zweifeln heißt,
Ob du du seist.
Schwach ist die Liebe, wo Furcht gleichstark ist,
Ist nicht ganz Geist und kühn und pur,
Ist sie noch Ehrgeiz-, Scham- und Angstmixtur.
Wie willige Fackeln man ganz nach Pläsier
Ansteckt und löscht, so handelst du an mir.
Du kommst, entflammst; gehst, kommst: Laß wieder mich
Die Hoffnung träumen, denn sonst stürbe ich.

A Valediction: of Weeping

Let me pour forth
My tears before thy face, whilst I stay here,
For thy face coins them, and thy stamp they bear,
And by this mintage they are something worth,
For thus they be
Pregnant of thee;
Fruits of much grief they are, emblems of more,
When a tear falls, that thou fallst which it bore,
So thou and I are nothing then, when on a divers shore.

On a round ball
A workman that hath copies by, can lay
An Europe, Afric, and an Asia,
And quickly make that, which was nothing, all,
So doth each tear,
Which thee doth wear,
A globe, yea world by that impression grow,
Till thy tears mixed with mine do overflow
This world, by waters sent from thee, my heaven dissolved so.

O more than moon,
Draw not up seas to drown me in thy sphere,
Weep me not dead in thine arms, but forbear
To teach the sea, what it may do too soon;
Let not the wind
Example find,
To do me more harm, than it purposeth;
Since thou and I sigh one another's breath,
Whoe'er sighs most, is cruellest, and hastes the other's death.

Ein Abschied: Über das Weinen

Laß über dein Gesicht
Mich meine Tränen gießen, denn es schlägt
Dein Antlitz sie zu Münzen. So geprägt
Gewinnen durch dein Bild sie an Gewicht,
Sind so beschwert
Erst etwas wert,
Früchte des Leids, Bild künftiger Leiden mir.
Fällt eine Träne, fällst auch du in ihr,
Wir werden bald zu nichts, hier an geschiedner Küsten Pier.

Es legt auf einem Ball
Handwerker dir, hat Karten er zur Hand,
Europa, Afrika und jedes Land
Und macht so, was ein Nichts war, schnell zum All.
So wird zur Welt
Was dich enthält,
Zu Welten werden Tränen durch dein Bild,
Bis unsrer Tränen Strom das All umschwillt,
Mit Wasser überflutet, das aus dir, mein Himmel, quillt.

O türm nicht noch mehr Seen
Auf als der Mond, daß ich ertrink in deinem Meer.
Wein mich nicht tot in deinen Armen, lehr
Die Wogen nicht, was sie zu bald begehn,
Daß nicht der Wind
Ein Beispiel find,
Unwillentlich mir anzutun mehr Not.
Wir seufzen unsern Atem ein – verroht
Wär, der am meisten seufzte, denn er hetzt des andern Tod.

Love's Alchemy

Some that have deeper digged love's mine than I,
Say, where his centric happiness doth lie:
I have loved, and got, and told,
But should I love, get, tell, till I were old,
I should not find that hidden mystery;
Oh, 'tis imposture all:
And as no chemic yet the elixir got,
But glorifies his pregnant pot,
If by the way to him befall
Some odoriferous thing, or medicinal,
So, lovers dream a rich and long delight,
But get a winter-seeming summer's night.

Our ease, our thrift, our honour, and our day,
Shall we, for this vain bubble's shadow pay?
Ends love in this, that my man,
Can be as happy as I can; if he can
Endure the short scorn of a bridegroom's play?
That loving wretch that swears,
'Tis not the bodies marry, but the minds,
Which he in her angelic finds,
Would swear as justly that he hears,
In that day's rude hoarse minstrelsy the spheres.
Hope not for mind in women; at their best
Sweetness and wit, they are but mummy, possessed.

Alchemie der Liebe

Wer tiefer grub im Liebesschacht als ich,
Geb von der Wollust Mittelpunkt Bericht.
Liebe gewann ich mannigfalt,
Doch würd ich liebend auch sehr alt,
Ich fänds verborgene Geheimnis nicht.
Alles ist Gaukelei!
Fand der Adept das Elixier auch nicht,
Von seinem trächtigen Tiegel spricht
Er rühmend, wenn der nebenbei
Ein Duftzeug abwarf oder auch Arznei.
So träumt, wer liebt, daß Freude ewig lacht,
Und kriegt nur wintergleiche Sommernacht.

Zahl ich mit Zeit, Geld, Ehre und mit Frust
Fürn Schattenwurf der Seifenblase Lust?
Hört Liebe so auf, daß mein Knecht
So glücklich wird wie ich, hat schlecht und recht
Des Brautstands Spott zu tragen er gewußt?
Mag sein, Verliebter schwört,
Daß nicht der Leib sich, nein, der Geist vermählt,
Den er bei ihr für himmlisch hält.
Genau so klug, wenn er erklärt,
Daß er im Hochzeitslärm die Sphären hört.
Hoff nicht auf Geist im Weib! Der Akt gibt bloß
Uns Spaß und Süße, Mumien – seelenlos.

The Flea

Mark but this flea, and mark in this,
How little that which thou deny'st me is;
It sucked me first, and now sucks thee,
And in this flea, our two bloods mingled be;
Thou know'st that this cannot be said
A sin, or shame, or loss of maidenhead,
Yet this enjoys before it woo,
And pampered swells with one blood made of two,
And this, alas, is more than we would do.

Oh stay, three lives in one flea spare,
Where we almost, nay more than married are.
This flea is you and I, and this
Our marriage bed, and marriage temple is;
Though parents grudge, and you, we'are met,
And cloistered in these living walls of jet.
Though use make you apt to kill me,
Let not to this self murder added be,
And sacrilege, three sins in killing three.

Cruel and sudden, hast thou since
Purpled thy nail, in blood of innocence?
In what could this flea guilty be,
Except in that drop which it sucked from thee?
Yet thou triumph'st, and say'st that thou
Find'st not thyself, nor me the weaker now;
'Tis true, then learn how false fears be;
Just so much honour, when thou yield'st to me,
Will waste, as this flea's death took life from thee.

Der Floh

Sieh an den Floh und du erfährst,
Wie wenig das ist, was du mir verwehrst.
Er saugte mich aus und nun dich,
Und unser Blut, im Floh vermischt es sich.
Das kann man nicht als Sünd, Vergehn
Und den Verlust der Jungfernschaft ansehn.
Der Floh genießt, bevor er freit,
Und wird von einem Blut aus zweien breit,
Und wir, herrje, sind nicht zu mehr bereit!

Halt, schone drei in einem Floh,
Vermählt beinah, ja mehr noch sind wir so.
Der Floh ist Du-und-Ich. Du siehst,
Daß Brautbett er und Traukapelle ist.
Ists dir und deinen Eltern auch ein Graus,
Uns zwei umschließt aus Jett lebendiges Haus.
Zu töten mich, das steht dir frei,
Doch füg dem nicht noch einen Selbstmord bei,
Dreifache Sünde, tötest du uns drei.

Jähzornig, grausam hast du jetzt
Mit Unschuldsblut den Nagel dir benetzt!
Was wäre in dem Floh denn Schuld
Als jener Tropfen Blut, aus dir gezullt?
Doch triumphierst du, sagst zu Recht,
Du fändest weder dich noch mich geschwächt.
So lern, ganz falsch sind Furcht und Scham;
Nur so viel Ehre stirbt, gibst du dich zahm,
Als Leben dir der Tod des Flohs wegnahm.

The Curse

Whoever guesses, thinks, or dreams he knows
Who is my mistress, wither by this curse;
His only, and only his purse
May some dull heart to love dispose,
And she yield then to all that are his foes;
May he be scorned by one, whom all else scorn,
Forswear to others, what to her he hath sworn,
With fear of missing, shame of getting, torn:

Madness his sorrow, gout his cramps, may he
Make, by but thinking, who hath made him such:
And may he feel no touch
Of conscience, but of fame, and be
Anguished, not that 'twas sin, but that 'twas she:
In early and long scarceness may he rot,
For land which had been his, if he had not
Himself incestuously an heir begot:

May he dream treason, and believe, that he
Meant to perform it, and confess, and die,
And no record tell why:
His sons, which none of his may be,
Inherit nothing but his infamy:
Or may he so long parasites have fed,
That he would fain be theirs, whom he hath bred,
And at the last be circumcised for bread:

The venom of all stepdames, gamesters' gall,
What tyrants, and their subjects interwish,
What plants, mines, beasts, fowl, fish,
Can contribute, all ill which all
Prophets, or poets spake; and all which shall
Be annexed in schedules unto this by me,
Fall on that man; for if it be a she
Nature beforehand hath out-cursed me.

Der Fluch

Wer immer rätselt, träumt, zu wissen meint,
Wer meine Liebste ist, den treff mein Fluch;
Sein Scheckbuch, nur dies Buch
Macht, daß ein Trampel willig scheint
Und sich dann schleunigst hingibt seinem Feind.
Er sei von der verhöhnt, die keiner ehrt,
Soll andern abschwörn, was er dieser schwört,
Von Furcht vor Weigrung, Scham bei Gunst zerstört.

Er halte Schmerz für Wahnsinn, Krampf für Gicht,
Denkt er, wer ihn so zugerichtet hat;
So sei es, daß ihn statt
Der Sündenreue nur *der* Kummer sticht,
Daß sie's war, von der keiner Gutes spricht.
Frühzeitig und für immer schlag ihn Pest,
Sein Land verlier ihn bis zum letzten Rest
An Erben, die er zeugte im Inzest.

Er träum Verrat und glaube ihn vollbracht,
Bekenne ihn und sterb, und kein Bericht
Bring je den Grund ans Licht.
Die Söhne, die er nicht gemacht,
Solln erben seine Schand und Niedertracht.
Er mäste Parasiten, fall in Not,
Daß er gern dern Schmarotzer wär, schamrot,
Und sich beschneiden läßt fürn bißchen Brot.

Der Spieler Galle und Stiefmüttergift,
Der Haß, der zwischen Sklave und Tyrann,
Und was beitragen kann
Stein, Fisch, Vieh, Kraut, Verdammungsschrift
Von Dichtern und Propheten, was mein Stift
All dem hinzufügt, falle auf den Mann!
Wenns eine Sie wär, hätt im voraus dann
Natur sie mehr verflucht, als ich je kann.

The Message

Send home my long strayed eyes to me,
Which (oh) too long have dwelt on thee,
Yet since there they have learned such ill,
Such forced fashions,
And false passions,
That they be
Made by thee
Fit for no good sight, keep them still.

Send home my harmless heart again,
Which no unworthy thought could stain,
But if be taught by thine
To make jestings
Of protestings,
And cross both
Word and oath,
Keep it, for then 'tis none of mine.

Yet send me back my heart and eyes,
That I may know, and see thy lies,
And may laugh and joy, when thou
Art in anguish
And dost languish
For some one
That will none,
Or prove as false as thou art now.

Die Botschaft

Schick meine Augen heim zu mir,
Zu lang, ach, weilten sie auf dir.
Doch da sie Böses lernten dort:
Exaltiertheit
Und Geziertheit,
Bös und blind
Durch dich sind,
Behalt sie nun und immerfort.

Mein arglos Herz schick wieder heim,
In ihm war keines Lasters Keim.
Doch wenn es nun gelernt durch deins,
Liebesschmachten
Zu verachten,
Schwur und Flehn
Zu übersehn,
Behalt es, denn dann ists nicht meins.

Doch schick mir Herz und Augen denn,
Daß deine Lügen ich erkenn
Und schneidend lach, wenn du, verletzt,
Dich verachtest,
Wenn du schmachtest
Für ein' vom Schlag,
Der Fraun nicht mag,
Oder so falsch ist wie du jetzt.

A Nocturnal upon St. Lucy's Day,
being the shortest day

'Tis the year's midnight, and it is the day's,
Lucy's, who scarce seven hours herself unmasks,
The sun is spent, and now his flasks
Send forth light squibs, no constant rays;
The world's whole sap is sunk:
The general balm th' hydroptic earth hath drunk,
Whither, as to the bed's-feet, life is shrunk,
Dead and interred, yet all these seem to laugh,
Compared with me, who am their epitaph.

Study me then, you who shall lovers be
At the next world, that is, at the next spring:
For I am every dead thing,
In whom love wrought new alchemy.
For his art did express
A quintessence even from nothingness,
From dull privations, and lean emptiness
He ruined me, and I am re-begot
Of absence, darkness, death; things which are not.

All others, from all things, draw all that's good,
Life, soul, form, spirit, whence they being have;
I, by love's limbeck, am the grave
Of all, that's nothing. Oft a flood
Have we two wept, and so
Drowned the whole world, us two; oft did we grow
To be two chaoses, when we did show
Care to aught else; and often absences
Withdrew our souls, and made us carcases.

But I am by her death (which word wrongs her)
Of the first nothing, the elixir grown;
Were I a man, that I were one,

Eine Nachtelegie auf den St. Lucia-Tag, welcher der kürzeste des Jahres ist

Des Jahres Mittnacht, St. Lucia-Tag,
Der sich kaum sieben Stunden ganz enthüllt.
Der Sonne Pulverfaß, nur schwach gefüllt,
Verschießt nur Schwärmer, kurz und vag.
Der Saft der Welt versank,
Der Balsam, den die süchtige Erde trank;
Leben liegt auf dem Totenbett, todkrank,
Bald tot verscharrt. Die Welt, vergleicht man, zog
Das bessre Los: *Ich* bin ihr Nekrolog.

Studiert mich, Liebende der nächsten Welt,
D.h. des nächsten Frühlings, denn ich bin
Jedwedes tote Ding, darin
Die Liebe neue Alchemie erstellt.
Mit magischer Kompetenz
Zog sie noch aus dem Nichts die Quintessenz,
Zerstörte durch Entzug mich und Absenz
Und sie gebar mich neu durch Aufgebot
Der Nicht-Substanzen Mangel, Dunkel, Tod.

Aus allem ziehen alle aus, was gut:
Form, Leben, Geist und dadurch Sein.
Mich destillierte Liebe fein
Zum Grab des Nichtseins. Wahre Flut
Oft weinten wir, uns zwei,
Die Welt, ertränkend. Oft entstand dabei
Ein Doppelchaos durch die Schwärmerei
Für andre, oft entzog uns Trennung roh
Die Seelen, machte uns zu Leichen so.

Durch ihren Tod, das Wort tut Unrecht ihr,
Ward ich zum Elixier des ersten Nichts.
Wär ich ein Mensch, so wüßte ichs

I needs must know; I should prefer,
If I were any beast,
Some ends, some means; yea plants, yea stones detest,
And love; all, all some properties invest;
If I an ordinary nothing were,
As shadow, a light, and body must be here.

But I am none; nor will my sun renew.
You lovers, for whose sake, the lesser sun
At this time to the Goat is run
To fetch new lust, and give it you,
Enjoy your summer all;
Since she enjoys her long night's festival,
Let me prepare towards her, and let me call
This hour her vigil, and her eve, since this
Both the year's, and the day's deep midnight is.

Gewiß und wäre ich ein Tier,
So wären doch auch mein
Ziele und Wege. Pflanze selbst und Stein
Haßt, liebt, und alles nennt ein Etwas sein.
Wär wie der Schatten ich ein richtiges Nicht,
Müßt hier auch sein ein Körper und ein Licht.

Nichts bin ich, meine Sonne ist verkohlt.
Ihr Liebenden, für die die Sonne jetzt,
Die kleinre, in den Steinbock setzt
Und für euch neue Lüste holt:
Genießt die Sommerzeit
Wie sie des langen Nachttags Festlichkeit.
So rüst ich mich für sie, die Stunde sei
Als ihre Vesper und Vigil verwacht,
Des Tags und Jahres tiefste Mitternacht.

Witchcraft by a Picture

I fix mine eye on thine, and there
Pity my picture burning in thine eye,
My picture drowned in a transparent tear,
When I look lower I espy;
Hadst thou the wicked skill
By pictures made and marred, to kill,
How many ways mightst thou perform thy will?

But now I have drunk thy sweet salt tears,
And though thou pour more, I'll depart;
My picture vanished, vanish fears,
That I can be endamaged by that art;
Though thou retain of me
One picture more, yet that will be,
Being in thine own heart, from all malice free.

Hexerei durch ein Bild

Ich richt mein Aug auf deins und bin
Voll Mitleid für mein Bild, das dort verbrennt,
Und tieferschaund seh ichs ertränkt darin,
Im klaren Tränenelement.
Besäßt du Künste jetzt,
Im Bild zu töten, vielfach hättst
Du deinen Willen wohl schon durchgesetzt.

Ich trank dein süßes Tränensalz.
Weinst du auch mehr, ich scheide nun;
Mit meinem Bilde schwindet meine Angst,
Es könnt Magie mir Schaden tun.
Behältst du auch dabei
Von mir ein weitres Konterfei –
In deinem Herzen ists von Arglist frei.

The Bait

Come live with me, and be my love,
And we will some new pleasure prove
Of golden sands, and crystal brooks,
With silken lines, and silver hooks.

There will the river whispering run
Warmed by thy eyes, more than the sun.
And there the'enamoured fish will stay,
Begging themselves they may betray.

When thou wilt swim in that live bath,
Each fish, which every channel hath,
Will amorously to thee swim,
Gladder to catch thee, than thou him.

If thou, to be so seen, be'st loth,
By sun, or moon, thou darkenest both,
And if myself have leave to see,
I need not their light, having thee.

Let others freeze with angling reeds,
And cut their legs, with shells and weeds,
Or treacherously poor fish beset,
With strangling snare, or windowy net:

Let coarse bold hands, from slimy nest
The bedded fish in banks out-wrest,
Or curious traitors, sleavesilk flies
Bewitch poor fishes' wandering eyes.

For thee, thou need'st so such deceit,
For thou thyself art thine own bait,
That fish, that is not catched thereby,
Alas, is wiser far than I.

Der Köder

Komm, sei mein Lieb und leb mit mir,
Und neue Freuden kosten wir
An des Kristallbachs Uferbank
Mit Angelhaken silberblank.

Leis flüsternd fließt der Bach davon,
Mehr wärmt dein Blick ihn als die Sonn.
Verliebte Fischlein bleiben stehn
Und wolln von dir verführt sich sehn.

Schwimmst du in dem belebten Bad,
Schwimmt jeder Fisch auf nassem Pfad
Verliebt auf dich zu, fing dich gern,
Du aber hältst dich lieber fern.

Bist Mond- und Sonnenblick du leid,
Verdunkelst du sie alle beid,
Will ich dich sehn, so brauche ich
Ihr Licht nicht, denn ich hab ja dich.

Laß andre Leut beim Angeln friern,
Sichs Bein an Stock und Stein blessiern
Und armem Fisch nach Jagdgesetz
Nachstelln mit Würgegarn und Netz,

Aus glitschigem Nest laß grobe Hand
Schlafende Fischlein ziehn an Land,
Kunstfliegen mit perfidem Schwirrn
Der armen Fische Blick verwirrn –

Du, du bedarfst nicht solcher List,
Da du dein eigner Köder bist.
Der Fisch, der solchem Fang entwich,
Wär schlauer, ach, beiweit als ich.

The Apparition

When by thy scorn, o murderess, I am dead,
And that thou think'st thee free
From all solicitation from me,
Then shall my ghost come to thy bed,
And thee, feigned vestal, in worse arms shall see;
Then thy sick taper will begin to wink,
And he, whose thou art then, being tired before,
Will, if thou stir, or pinch to wake him, think
Thou call'st for more,
And in false sleep will from thee shrink,
And then poor aspen wretch, neglected thou
Bathed in a cold quicksilver sweat wilt lie
A verier ghost than I;
What I will say, I will not tell thee now,
Lest that preserve thee; and since my love is spent,
I had rather thou shouldst painfully repent,
Than by my threatenings rest still innocent.

Die Erscheinung

Starb ich, o Mörderin, an deinem Hohn
Und glaubst du, du befreist
Dich so von meinem Werben, schleicht mein Geist
Sich an dein Bett: In schlechtren Armen schon
Wird er dich, heuchelnde Vestalin, sehn.
Siech flackert deine Kerze dann, und er,
Der dich dann hat, der müde eingenickt,
Glaubt, hast du aufzuwecken ihn gezwickt,
Du riefst nach mehr.
Er wird sich Schlaf vortäuschend von dir drehn.
Dann, zittrigs Bündel Elend, so versetzt
Wirst du, quecksilbrig schwitzend, sicherlich
Gespenstiger als ich.
Was ich dann sage, nicht verrat ichs jetzt,
Du könntest dich retten! Meine Liebe wich.
Drum will ich, daß du schmerzlich Buße tust
Und nicht, gewarnt, in Unschuld weiter ruhst.

The Broken Heart

He is stark mad, who ever says,
That he hath been in love an hour,
Yet not that love so soon decays,
But that it can ten in less space devour;
Who will believe me, if I swear
That I have had the plague a year?
Who would not laugh at me, if I should say,
I saw a flask of powder burn a day?

Ah, what a trifle is a heart,
If once into Love's hands it come!
All other griefs allow a part
To other griefs, and ask themselves but some,
They come to us, but us Love draws,
He swallows us, and never chaws:
By him, as by chain-shot, whole ranks do die,
He is the tyrant pike, our hearts the fry.

If'twere not so, what did become
Of my heart, when I first saw thee?
I brought a heart into the room,
But from the room, I carried none with me;
If it had gone to thee, I know
Mine would have taught thy heart to show
More pity unto me: but Love, alas,
At one first blow did shiver it as glass.

Yet nothing can to nothing fall,
Nor any place be empty quite,
Therefore I think my breast hath all
Those pieces still though they be not unite;
And now as broken glasses show
A hundred lesser faces, so
My rags of heart can like, wish, and adore,
But after one such love can love no more.

Das zerbrochene Herz

Verrückt ist, wer darauf besteht,
Er liebte eine Stunde lang
Und nicht, daß Liebe schnell vergeht
Und zehn schon in noch kürzrer Zeit verschlang.
Wer glaubt mir, wenn ich schwör, ich war
An Pest erkrankt ein ganzes Jahr?
Wer lachte mich nicht aus, sobald ich sag,
Ein Pulverfäßchen brannte einen Tag?

Was für ein Schwächling ist das Herz,
Fällt es der Liebe in die Hand!
Sonst räumt doch Schmerz dem andern Schmerz
Raum ein und seis auch nur am Rand.
Sie aber reißt mit gierigem Mund
Uns unzerkaut in ihren Schlund.
Wir falln wie Krieger durch den Kettenschuß,
Wir: arme Fischlein, sie: Hecht, Herr im Fluß.

Wenns nicht so war, was dann erlitt
Mein Herz, als erstmals ich bei dir?
Ich bracht ein Herz ins Zimmer mit,
Doch aus dem Zimmer nahm ich nichts mit mir.
Wärs in dir, hätt mein Herz, ich weiß,
Dein Herz gelehrt, mit größrem Fleiß
Mir Mitleid zu bezeugen. Liebe, ach,
Mit einem Schlage es wie Glas zerbrach,

Doch da nichts je zu nicht zerfällt,
Wie auch kein Ort ganz leer erscheint,
So glaub ich, meine Brust enthält
Noch alle Stücke, wenn auch unvereint.
Wie Spiegelscherben viele, doch
Kleinre Gesichter zeigen, kennen noch
Die Herzensscherben Andacht und Begehr,
Doch nach *der* Liebe keine Liebe mehr.

A Valediction: forbidding Mourning

As virtuous men pass mildly away,
And whisper to their souls, to go,
Whilst some of their sad friends do say,
The breath goes now, and some say, no:

So let us melt, and make no noise,
No tear-floods, nor sigh-tempests move,
'Twere profanation of our joys
To tell the laity our love.

Moving of th' earth brings harms and fears,
Men reckon what it did and meant,
But trepidation of the spheres,
Though greater far, is innocent.

Dull sublunary lovers' love
(Whose soul is sense) cannot admit
Absence, because it doth remove
Those things which elemented it.

But we by love, so much refined,
That ourselves know not what it is,
Inter-assured of the mind,
Care less, eyes, lips, and hands to miss.

Our two souls therefore, which are one,
Though I must go, endure not yet
A breach, but an expansion,
Like gold to airy thinness beat.

If they be two, they are two so
As stiff twin compasses are two,
Thy soul the fixed foot, makes no show
To move, but doth, if th'other do.

Ein Abschied: Das Trauerverbot

Wie tapfre Menschen still von dannen gehen,
nur flüsternd »Geh nun, Seele mein!«
Wenn die betrübten Freunde um sie stehen,
Der sagt, er atmet, der sagt nein,

So, ohne Tränenflut und Seufzerstürme
Laß uns vergehn mit stummem Mund,
Entweiht wär unsre Lust, wär dem Gewürme
Der Laien unsre Liebe kund.

Erdbeben zeitigt Angst und Schmerz und Zähren,
Die Menschen rätseln, was der Stoß
Bewirkt, doch die Erschütterung der Sphären,
Ob größer zwar, bleibt folgenlos.

Der erdverhaftet dumpf Verliebten Liebe,
Sie ist der Sinne und des Scheins,
Erträgt kein Fernesein, denn es vertriebe
Die Elemente ihres Seins.

Doch wir, durch Liebe so sublim vollendet,
Daß sie uns unbekannt im Grund,
Wir, gegenseitig uns im Geist verpfändet,
Entbehrn leicht Auge, Hand und Mund.

Drum können unsre Seelen – eins die beiden –
Wenn ich nun fortgeh ungewollt,
Nie einen Bruch, Erweitrung nur erleiden
Wie hauchdünn ausgeschlagnes Gold.

Und sind sie zwei, so sind sie doch nur doppelt,
Wie es die Zirkelschenkel sind.
Du, fester Fuß, stehst still und folgst, gekoppelt,
Dem Drehn des andern Fußes blind.

And though it in the centre sit,
Yet when the other far doth roam,
It leans, and hearkens after it,
And grows erect, as that comes home.

Such wilt thou be to me, who must
Like th' other foot, obliquely run;
Thy firmness makes my circle just,
And makes me end, where I begun.

Zwar kann er seinen Mittelpunkt nicht tauschen,
Doch ist der andre weit hinaus,
Lehnt er sich vor, ihm hinterherzulauschen
Und stellt sich grad, kehrt er nach Haus.

So wirst du sein für mich: Dein Lauf ist pflichtig
Dem Lauf des andern Fußes dann;
Dein Festsein zeichnet meine Kreisbahn richtig,
So daß ich end, wo ich begann.

The Ecstasy

Where, like a pillow on a bed,
A pregnant banks swelled up, to rest
The violet's reclining head,
Sat we two, one another's best;

Our hand were firmly cemented
With a fast balm, which thence did spring,
Our eye-beams twisted, and did thread
Our eyes, upon one double string;

So to' intergraft our hands, as yet
Was all the means to make us one,
And pictures in our eyes to get
Was all our propagation.

As 'twixt two equal armies, Fate
Suspends uncertain victory,
Our souls (which to advance their state,
Were gone out) hung 'twixt her and me.

And whilst our souls negotiate there,
We like sepulchral statues lay;
All day, the same our postures were,
And we said nothing, all the day.

If any, so by love refined,
That he soul's language understood,
And by good love were grown all mind,
Within convenient distance stood,

He (though he knew not which soul spake
Because both meant, both spake the same)
Might thence a new concoction take,
And part far purer than he came.

Die Ekstase

Wo – wie im Bett ein Kissen – hier
Fruchtbare Böschung schwillt, Kopfkeil
Für Veilchenköpfchen, saßen wir,
Einer des andern bestes Teil.

Die Hände schloß, nicht zu entwirrn,
Uns Balsam, welcher dort gedeiht.
Auf unsrer Augenstrahlen Zwirn
Warn unsre Augen aufgereiht.

Die Pfropfung unsrer Hände schon
Genügte, uns zu einen ganz,
Und Bilder, die durchs Aug uns flohn,
Warn alles, was wir fortgepflanzt.

Wie bei gleichstarken Heern den Sieg
Das Schicksal in der Schwebe hält,
So schwebten im Erobrungskrieg
Unsere Seeln im Niemandsfeld.

Wie Grabskulpturen lagen wir,
Da sie noch feilschten um Vertrag.
Wir wechselten die Stellung nicht
Und sagten nichts den ganzen Tag.

Wenn einer, der in Liebe brennt,
Geläutert ward, vergeistigt ganz,
Daß er die Liebessprache kennt,
Postiert in passender Distanz

(Nichtwissend, welche Seele sprach,
Sie sagten eins) uns zwei vernahm,
Er dächt der neuen Mischung nach,
Wär reiner fort wohl als er kam.

This ecstasy doth unperplex
(We said) and tell us what we love,
We see by this, it was not sex,
We see, we saw not what did move:

But as all several souls contain
Mixture of things, they know not what,
Love, these mixed souls doth mix again,
And makes both one, each this and that.

A single violet transplant,
The strength, the colour, and the size,
(All which before was poor and scant)
Redoubles still, and multiplies.

When love, with one another so
Interinanimates two souls,
That abler soul, which thence doth flow,
Defects of loneliness controls.

We then, who are this new soul, know,
Of what we are composed, and made,
For, th' atomies of which we grow,
Are souls, whom no change can invade.

But o alas, so long, so far
Our bodies why do we forbear?
They are ours, though they are not we, we are
The intelligences, they the sphere.

We owe them thanks, because they thus
Did us to us at first convey,
Yielded their forces, sense, to us,
Nor are dross to us, but allay.

On man heaven's influence works not so,
But that it first imprints the air,

Entrückung, sagten wir, befreit,
Macht deutlich, was zutiefst uns lieb,
Wir sehn, es war nicht Sinnlichkeit,
Sehn, daß uns Unsichtbares trieb.

Wie jede Seele allerlei
Vermischt, sie weiß nicht alles was,
Mischt Liebe die vermischten zwei
Seelen ineins, zu dies und das.

Verpflanz ein einzeln Veilchen nur
Und du erkennst: Verpflanzung macht,
Daß sich Kraft, Farbe und Statur
Verdoppelt und verhundertfacht.

Da nun die Liebe zauberhaft
Zwei Seelen ineinanderflicht,
Hat die zweieinige mehr Kraft,
Hat was vereinzelter gebricht.

Die neue Seele geht nicht fehl,
Weiß, wer sie schuf und was es war,
Denn die Atome unsrer Seel
Sind Seelen, die unwandelbar.

Doch, ach, warum sind wir so blind
Für unsre Körper, die zwar nie
Wir selbst, doch unser eigen sind?
Die Geister wir, die Sphären sie.

Sie haben Dank dafür verdient,
Daß sie zusammen uns geführt,
Uns Sinne, ihre Kräfte, liehn,
Die restlos wir amalgamiert.

Sterneneinfluß wirkt auf Menschen nicht,
Bevor er nicht die Luft durchstieß.

So soul into the soul may flow,
Though it to body first repair.

As our blood labours to beget
Spirits, as like souls as it can,
Because such fingers need to knit
That subtle knot, which makes us man:

So must pure lover's souls descend
T' affections and to faculties,
Which sense may reach and apprehend,
Else a great prince in prison lies.

To our bodies turn we then, that so
Weak men on love revealed may look;
Love's mysteries in souls do grow,
But yet the body is his book.

And if some lover, such as we,
Have heard this dialogue of one,
Let him still mark us, he shall see
Small change, when we'are to bodies gone.

So Seele in Seele sich erst flicht,
Wenn sie im Leib sich niederließ.

Wie Blut geschäftig Geister zeugt
(So Seelen ähnlich, denn es drehn
Doch solche Finger erst den Knäul,
Der uns als Menschen läßt entstehn)

Muß reinste Seelenliebe auch
Hinunter zu Affekt und Trieb,
Greifbar den Sinnen im Gebrauch,
Weil sonst ein Fürst in Ketten blieb.

Laß uns in unsre Körper gehn,
Daß Menschen Liebe sich beschreib:
Die Seele ihr Geheimnis hegt,
Doch offenbahrts ihr Buch, der Leib.

Hört einer, der so liebt wie wir,
Des Selbst- und Zwiegesprächs ein Stück,
Er sieht nur wenig Wandel hier,
Kehrn wir in unsern Leib zurück.

Love's Deity

I long to talk with some old lover's ghost,
Who died before the god of love was born:
I cannot think that he, who then loved most,
Sunk so low, as to love one which did scorn.
But since this god produced a destiny,
And that vice-nature, custom, lets it be;
I must love her, that loves not me.

Sure, they which made him god, meant not so much,
Nor he, in his young godhead practised it.
But when an even flame two hearts did touch,
His office was indulgently to fit
Actives to passives. Correspondency
Only his subject was. It cannot be
Love, till I love her, that loves me.

But every modern god will now extend
His vast prerogative, as far as Jove.
To rage, to lust, to write to, to commend,
All is the purlieu of the god of love.
Oh were we wakened by this tyranny
To ungod this child again, it could not be
I should love her, who loves not me.

Rebel and atheist too, why murmur I,
As though I felt the worst that love could do?
Love might make me leave loving, or might try
A deeper plague, to make her love me too,
Which, since she loves before, I am loth to see;
Falsehood is worse than hate; and that must be,
If she whom I love, should love me.

Gottheit der Liebe

Gern spräche ich mit eines Alten Geist,
Der vor Geburt des Liebsgottes starb:
Ich glaube nicht, daß wer der Beste heißt
So tief sank, daß er Höhnende umwarb.
Doch seit es dieses Gotts Bestimmung gibt
Und Sitte gutheißt, was Natur verschiebt,
Muß lieben ich, die mich nicht liebt.

Dies wollten nicht, die ihn zum Gott gemacht,
Er handelte auch so als Junggott nicht.
Wenn gleiche Flamme zweier Herz entfacht,
War ihm Entsprechung finden einzige Pflicht:
Daß willig sich anpasse dem, der liebt,
Der, der geliebt wird, weil sich Liebe trübt,
Wenn ich nicht liebe, die mich liebt.

Doch jener Gott der Neuzeit dehnt sein Recht,
Weiter als Zeus aus und noch weiter gleich.
Lobpreisung, Gier und tobendes Gefecht,
Das alles ist des Liebesgotts Bereich.
Daß ihr das Kind entgöttertet, vertriebt,
Weils ein Tyrann! Damits das nicht mehr gibt,
Daß sie ich lieb, die mich nicht liebt.

Rebell und Atheist, was murre ich,
Der fühlt, was Liebe grausam fertigbringt?
Lieb, laß mich Liebe meiden, oder mich
Qual finden, die sie mich zu lieben zwingt.
Schlimm wärs, wenn einen andern echt sie liebt,
Denn dann wärs Täuschung, wenn sie sich so gibt,
Als ob, die ich lieb, mich auch liebt.

Love's Diet

To what a cumbersome unwieldiness
And burdenous corpulence my love had grown,
But that I did, to make it less,
And keep it in proportion,
Give it a diet, made it feed upon
That which love worst endures, discretion.

Above one sigh a day I allowed him not,
Of which my fortune, and my faults had part;
And if sometimes by stealth he got
A she sigh from my mistress' heart,
And thought to feast on that, I let him see
'Twas neither very sound, nor meant to me.

If he wrung from me a tear, I brined it so
With scorn or shame, that him it nourished not;
If he sucked hers, I let him know
'Twas not a tear, which he had got,
His drink was counterfeit, as was his meat;
For eyes which roll towards all, weep not, but sweat.

Whatever he would dictate, I writ that,
But burnt my letters; when she writ to me,
And that that favour made him fat,
I said, 'If any title be
Conveyed by this, ah, what doth it avail,
To be the fortieth name in an entail?'

Thus I reclaimed my buzzard love, to fly
At what, and when, and how, and where I choose;
Now negligent of sport I lie,
And now as other falconers use,
I spring a mistress, swear, write, sigh and weep:
And the game killed, or lost, go talk, and sleep.

Liebesdiät

Zu welch beschwerlich plumper Leibstatur
Und lästigen Korpulenz wuchs Amor an,
Obwohl ich zur Entfettungskur
Und daß in Form er bleiben kann,
Ich ihm Diät zu essen gab beizeit,
Der Liebe unbekömmlichste: Verschwiegenheit.

Pro Tag erlaubt ein Seufzer maximal,
Zu gleichen Teiln aus Freude oder Schmerz.
Und wenn er sich mal einen stahl
Aus meiner süßen Herrin Herz
Und hoffte auf Genuß, tat ich ihm kund:
Er gilt nicht mir und ist auch nicht gesund.

Zwang er mir Tränen ab, salzt ich sie so,
Mit Spott und Hohn, daß sie ihm nicht geschmeckt.
Und trank er ihre, sagt ich roh:
Das sind nicht Tränen, was er schleckt,
Daß Speis und Trank er nur zum Trug besitzt,
Das Aug, das allen blitzt, weint nicht, es schwitzt.

Was immer er diktiert, ich schrieb den Brief,
Warf ihn ins Feuer. Schrieb die Liebste mal,
Bekams ihm gut, ich aber rief:
Räumt sie ein Anrecht ein – egal,
Was nutzt es denn schon, ach, nach viermal zehn
Als nächster auf der Anwartsliste stehn.

So zog ich meinen Falken mir: Er flieg,
Wohin und wann und wie, wie's mir gefällt!
Oft ruh ich, meide Sport und Sieg,
Und dann, wie's jeder Falkner hält,
Hetz ich die Frau, schreib, seufz und heul; und traf
Ich oder nicht das Wild, schwätz ich und schlaf.

The Will

Before I sigh my last grasp, let me breathe,
Great Love, some legacies; here I bequeath
Mine eyes to Argus, if mine eyes can see,
If they be blind, then Love, I give them thee;
My tongue to fame; to ambassadors mine ears;
To women or the sea, my tears.
Thou, Love, hast taught me heretofore
By making me serve her who had twenty more,
That I should give to none, but such, as had too much before.

My constancy I to the planets give;
My truth to them, who at the Court do live;
Mine ingenuity and openness
To Jesuits; to buffoons my pensiveness;
My silence to any, who abroad hath been;
My money to a Capuchin.
Thou Love taught'st me, by appointing me
To love there, where no love received can be,
Only to give to such as have an incapacity.

My faith I give to Roman Catholics;
All my good works unto the schismatics
Of Amsterdam; my best civility
And courtship, to an university;
My modesty I give to soldiers bare;
My patience let gamesters share.
Thou Love taught'st me, by making me
Love her that holds my love disparity,
Only to give to those that count my gifts indignity.

I give my reputation to those
Which were my friends; mine industry to foes;
To schoolmen I bequeath my doubtfulness;
My sickness to physicians, or excess;
To Nature, all that I in rhyme have writ;

Letzter Wille

Eh ich den letzten Seufzer hauch, vernimm,
O Liebe, mein Vermächtnis: ich bestimm
Dem Argus meine Augen, wenn sie sehn,
Wenn nicht, solln sie an Liebe übergehn;
Mein Mund dem Ruhm, Gesandten mein Gehör;
Meine Tränen Frauen oderm Meer.
Du, Liebe, die mich ehedem gelehrt
Zu lieben, die mit zwanzig Mann verkehrt,
Lehrtest mich schenken dem, dem ohnehin zu viel beschert.

Mein Stetigsein geb ich dem Wandelstern,
Meine Wahrhaftigkeit am Hof den Herrn;
Jesuiten meinen ehrlich offnen Geist
Und meinen Ernst dem Kerl, der Possen reißt;
Mein Schweigen geb ich einem Mann von Welt,
Dem Kapuziner all mein Geld.
Du, Liebe, die zu lieben *die* mich zwang,
Ders gänzlich mangelte an Liebesdrang,
Lehrtest mich solchen geben, die unfähig zum Empfang.

Mein rechten Glauben erbe ein Papist
Und meine guten Werke ein Calvinist
In Amsterdam; all meine Courtoisie
Das unmanierliche Studentenvieh;
Bescheidenheit ein prahlender Soldat,
Spieler Geduld als mein Legat.
Du, Liebe, die zu lieben mir erwählt,
Die meine Liebe doch für wertlos hält,
Lehrtest mich denen geben, die der Gabe Unwert quält.

Mein Ansehn geb ich dem, von dem ich weiß,
Daß er mein Freund war; Feinden meinen Fleiß.
Mein Zweifeln überlaß ich Professorn
Und Ärzten sei mein Siechtum zugeschworn.
Ich schenke der Natur mein Reimgeschnitz

And to my company my wit.
Thou Love, by making me adore
Her, who begot this love in me before,
Taught'st me to make, as though I gave, when I did but restore.

To him for whom the passing bell next tolls,
I give my physic books; my written rolls
Of moral counsels, I to Bedlam give;
My brazen medals, unto them which live
In want of bread; to them which pass among
All foreigners, mine Enlish tongue.
Thou, Love, by making me love one
Who thinks her friendship a fit portion
For younger lovers, dost my gifts thus disproportion.

Therefore I'll give no more; but I'll undo
The world by dying; because love dies too.
Then all your beauties will be no more worth
Than gold in mines, where none doth draw it forth;
And all your graces no more use shall have
Than a sundial in a grave.
Thou Love taught'st me, by making me
Love her, who doth neglect both me and thee,
To invent, and practise this one way, to annihilate all three.

Und der Gesellschaft meinen Witz.
Du, Liebe, zwangst mich anzubeten grad,
Die Liebe erst in mir entzündet hat,
Und machst mich tun, als gäbe ich, wo ich bloß rückerstatt.

Ihm, dem die Totenglocke klingt demnächst,
Schenk ich ein Ärztehandbuch; einen Text
Mit Weisheitssprüchen einem irren Wicht
Und einem Mann, dem es an Brot gebricht,
Paar Messingorden; Englisch, wie ichs kann,
Den Auslandsreisenden sodann.
Du, Liebe, die mich lieben ließ, o Hohn,
Die Freundschaft hält für angemessnen Lohn,
Lehrtest mich auch unangemessen falsche Dotation.

Drum geb ich mehr nicht, doch ich straf die Welt,
Indem ich sterb, weil Liebe dann zerfällt.
Dann sind all deine Reize mehr nicht wert
Als Gold in Gruben, die kein Mensch je leert;
Nutzlos ist dein anmutiges Gehab
Wie eine Sonnenuhr im Grab.
Du, Liebe, die du mir hast beigebracht
Zu lieben, die uns beide nur verlacht,
Lehrtest mich auch die Art, wie man uns drei zunichte macht.

The Funeral

Whoever comes to shroud me, do not harm
Nor question much
That subtle wreath of hair, which crowns my arm;
The mystery, the sign you must not touch,
For 'tis my outward soul,
Vicerory to that, which then to heaven being gone,
Will leave this to control,
And keep these limbs, her provinces, from dissolution.

For if the sinewy thread my brain lets fall
Through every part,
Can tie those parts, and make me one of all;
These hairs which upward grew, and strength and art
Have from a better brain,
Can better do it; except she meant that I
By this should know my pain,
As prisoners then are manacled, when they are condemned to die.

Whate'er she meant by it, bury it with me,
For since I am
Love's martyr, it might breed idolatry,
If into others' hands these relics came;
As 'twas humility
To afford to it all that a soul can do,
So, 'tis some bravery,
That since you would save none of me, I bury some of you.

Das Begräbnis

Wer mich ins Bahrtuch hüllt, verletz ihn nicht,
Frag nicht, warum
Der zarte Haarkranz meinen Arm umflicht.
Schont dieses Zeichen, dies Mysterium:
's ist meine äußre Seel,
Statthaltrin jener, die bei ihrer Himmelfahrt
Ihr Macht gab und Befehl,
Daß sie die Glieder, die Provinzen, vor Verfall bewahrt.

Wenn schon das Hirn sein Nervengarn von Glied
Zu Gliede strafft
Und so zum Ganzen mich zusammenzieht,
So kann (das bessrem Hirn entwuchs, Geist, Kraft
Von ihm bekam) dies Haar
Es besser noch. Es sei denn, sie erwägt,
Daß ich dran Schmerz erfahr
Wie todverdammte Sträflinge, die man in Ketten schlägt.

Was sie auch dachte, grabt ihn mit mir ein!
Es könnt, ich fand
Der Liebe Martertod, ein Kult gedeihn,
Käm die Reliquie in fremde Hand.
Wie's Demut war, daß ich
Das einer Seele Mögliche ihr gab,
Ists Mut beinah, daß ich,
Willst du doch nichts von mir bewahren, was von dir begrab.

The Blossom

Little think'st thou, poor flower,
Whom I have watched six or seven days,
And seen thy birth, and seen what every hour
Gave to thy growth, thee to this height to raise,
And now dost laugh and triumph on this bough,
Little think'st thou
That it will freeze anon, and that I shall
Tomorrow find thee fall'n, or not at all.

Little think'st thou, poor heart,
That labour'st yet to nestle thee,
And think'st by hovering here to get a part
In a forbidden or forbidding tree,
And hop'st her stiffness by long siege to bow:
Little think'st thou,
That thou tomorrow, ere that sun doth wake,
Must with this sun, and me a journey take.

But thou which lov'st to be
Subtle to plague thyself, wilt say,
Alas, if you must go, what's that to me?
Here lies my business, and here I will stay:
You go to friends, whose love and means present
Various content
To your eyes, ears, and tongue, and every part.
If then your body go, what need you a heart?

Well then, stay here; but know,
When thou hast stayed and done thy most;
A naked thinking heart, that makes no show,
Is to a woman, but a kind of ghost;
How shall she know my heart; or having none,
Know thee for one?
Practice may make her know some other part,
But take my word, she doth not know a heart.

Die Blüte

Kaum weißt dus, arme Blüte,
An der seit Tagen ich betracht,
Wie jede Stund, seit du geborn, sich mühte,
Daß dus zu solchem Wachstum hast gebracht,
Die du dich lächelnd auf dem Stengel schwenkst
Und kaum bedenkst,
Daß Frost droht, und ich bei der Wiederkehr
Verdorrt dich finde oder gar nicht mehr.

Kaum weißt dus, armes Herz,
Das du hier schwirrst im Raum
Und glaubst, du fändest dein ersehntes Nest
In dem verwehrten, sich verwehrnden Baum,
Hoffst, daß durch Trotz ihr Sprödsein du bezwängst
Und kaum bedenkst,
Daß du schon morgen vor Sonnaufgang just
Mit mir und mit der Sonne reisen mußt.

Doch du, der selber sich
Gern plagt, wirst sagen dann:
Hier hab ich Pflichten und hier bleibe ich.
Gott, wenn du gehn mußt, was geht mich das an!
Du gehst zu Freunden, deren Geld und Gunst
Genuß und Brunst
Für Aug, Ohr, Mund und jedes Glied verheißt:
Was brauchst ein Herz du, wenn der Körper reist?

Gut, bleib denn. Doch gib acht:
Wenn es auch lang sich treu erweist,
Ein redlichs Herz, das sich nicht kenntlich macht,
Ist für die Frau nur wie ein Geist.
Erkennt sie denn ein Herz und dich als meins?
Hat sie doch keins!
Sie kennt manch andres Teil, Erfahrung lehrts.
Doch geb ich dir mein Wort, sie kennt kein Herz.

Meet me at London, then
Twenty days hence, and thou shalt see
Me fresher, and more fat, by being with men,
Than if I had stayed still with her and thee.
For God's sake, if you can, be you so too:
I would give you
There, to another friend, whom we shall find
As glad to have my body, as my mind.

Triff mich in London dann
In zwanzig Tagen und du schaust
Bei andren Leuten frischern, dickern Mann,
Als hätt ich noch bei ihr und dir gehaust.
Bei Gott, sei, wenn du kannst, wie ich:
Ich gäbe dich
Dort einer andern, die sich glücklich preist,
Beides von mir zu haben, Leib und Geist.

The Primrose

Upon this primrose hill,
Where, if heaven would distil
A shower of rain, each several drop might go
To his own primrose, and grow manna so;
And where their form, and their infinity
Make a terrestrial galaxy,
As the small stars do in the sky:
I walk to find a true love; and I see
That 'tis not a mere woman, that is she,
But must, or more, or less than woman be.

Yet know I not, which flower
I wish; a six, or four;
For should my true love less than woman be,
She were scarce anything; and then, should she
Be more than woman, she would get above
All thought of sex, and think to move
My heart to study her and not to love;
Both these were monsters; since there must reside
Falsehood in woman, I could more abide,
She were by art, than nature falsified.

Live primrose then, and thrive
With thy true number, five;
And women, whom this flower doth represent,
With this mysterious number be content;
Ten is the farthest number, if half ten
Belong unto each woman, then
Each woman may take half us men;
Or if this will not serve their turn, since all
Numbers are odd, or even, and they fall
First into this, five, women may take us all.

Die Primel

Hang, primelüberblüht,
Wo, wenn der Himmel sprüht,
Ein jeder Regentropfen könnt genau
Je eigne Primel fülln mit Honigtau,
Wo Primelhügel ohne End
Als irdische Galaxie entbrennt
Wie Sterneschwarm am Firmament,
Such ich mein Treulieb, komme zu dem Schluß,
Daß sie nicht einfach Weib ist, nein, sie muß
Weib sein und etwas minus oder plus.

Was such ich hier? Solls ein
Vier- oder Sechsblatt sein?
Wär Liebchen weniger als Weib, sie wär
Kaum irgend etwas; wär sie aber mehr,
Wär Sinnlichkeit ihr fremd; vergeistigt schier,
Möcht sie, daß sie mein Herz *studier*
Und nicht in Liebe zu ihr sich verlier.
Die beiden wären Monster und nicht echt.
Da Frauen Falschheit eigen, wärs mir recht,
Sie wärn durch Kunst, nicht von Natur aus schlecht.

Leb, Primel, ganz normal:
Die fünf ist deine Zahl.
Und Frauen, die dich darstelln, sollen fein
Mit der geheimnisvollen Zahl zufrieden sein.
Zehn ist die höchste Zahl. So Frau je hätt
Die halbe zehn, darf sie honett
Auch mit der halben Männerwelt ins Bett.
Und reichts ihr nicht, das Zahlnsystem
Reiht grad an ungerad, da zwei und drei bequem
In der fünf aufgehn, soll die Frau uns alle nehm!

The Relic

When my grave is broke up again
Some second guest to entertain,
(For graves have learned that woman-head
To be to more than one a bed)
And he that digs it, spies
A bracelet of bright hair about the bone,
Will he not let us alone,
And think that there a loving couple lies,
Who thought that this device might be some way
To make their souls, at the last busy day,
Meet at this grave, and make a little stay?

If this fall in a time, or land,
Where mis-devotion doth command,
Then, he that digs us up, will bring
Us, to the Bishop, and the King,
To make us relics; then
Thou shalt be a Mary Magdalen, and I
A something else thereby;
All women shall adore us, and some men;
And since at such time, miracles are sought,
I would have that age by this paper taught
What miracles we harmless lovers wrought.

First, we loved well and faithfully,
Yet knew not what we loved, nor why,
Difference of sex no more we knew,
Than our guardian angels do;
Coming and going, we
Perchance might kiss, but not between those meals;
Our hands ne'er touched the seals,
Which nature, injured by late law, sets free:
These miracles we did; but now alas,
All measure, and all language, I should pass,
Should I tell what a miracle she was.

Die Reliquie

Wenn wieder man mein Grab aufsprengt,
Damit es zweiten Gast empfängt
(Die Gräber wissen: Frauenschoß
Ist Bett für mehr als einen bloß)
Da wird der Gräber wohl gewahr
Den hellen Kranz von Haar um mein Gebein.
Läßt der uns nicht allein
Und denkt er nicht: Hier liegt ein Liebespaar,
Das diesen Kranz als Mittel ansehn mag,
Daß seine Seelen einst am Jüngsten Tag
Zur Rast sich träfen hier am Sarkophag?

Fällt dies in Zeiten und ein Land,
Wo Götzendienst hat Oberhand,
Trägt Gräber uns und Gräberin
Zum König oder Bischof hin.
Wir sind Reliquien dann.
Du wirst St. Magdalena sein und ich
Werd auch was. Dich und mich
Flehn alle Fraun und ein paar Männer an.
Da jene Zeit auf Wunder sehr bedacht,
Sei'n ihr durch dies Papier bekanntgemacht
Die Wunder, die wir Harmlosen vollbracht.

Wir liebten treulich, gut und dumm
Und wußten nicht, was und warum.
Geschlecht war uns wie unsern zwei
Schutzengeln fremd und einerlei.
Willkommens-, Abschiedskuß
Gönnten wir uns, nicht mehr. Wir rührten nicht
An Siegel, die man bricht
Nach neustem Recht, Naturrecht auf Genuß.
Die Wunder taten wir. Ach, mir ist klar,
Sprache wär nie so maßlos steigerbar,
Je kundzutun, das Wunder, das sie war.

The Damp

When I am dead, and doctors know not why,
And my frieds' curiosity
Will have me cut up to survey each part,
When they shall find your picture in my heart,
You think a sudden damp of love
Will through all their senses move,
And work on them as me, and so prefer
Your murder, to the name of massacre.

Poor victories; but if you dare be brave,
And pleasure in your conquest have,
First kill th' enormous giant, your Disdain,
And let th' enchantress Honour, next be slain,
And like a Goth and Vandal rise,
Deface records, and histories
Of your own arts and triumphs over men,
And without such advantage kill me then.

For I could muster up as well as you
My giants, and my witches too,
Which are vast Constancy, and Secretness,
But these I neither look for, nor profess;
Kill me as woman, let me die
As a mere man; do you but try
Your passive valour, and you shall find then,
Naked you have odds enough of any man.

Der Fieberhauch

Sterb ich und Ärzte wissen nicht, woran
Und Freunde mich aus Neugier dann
Aufschneiden lassen, daß man alles sieht,
Und sehn dein Bild im Herzen, glaubst du, zieht
Ein jäher Liebesfieberhauch
Durch alle ihre Sinne auch
Und tötet sie wie mich? Für deinen Mord
Wär wohl Massaker dann das bessre Wort.

Armselige Siege! Willst du kühner sein
Und deiner Siege dich erfreun,
So metzle deinen Haß, den Riesen, hin
Und Ehrsucht dann, die böse Zauberin.
Wie gotischer Barbar verbrenn
Die Bücher und die Chroniken
Von deinen Siegen über manchen Mann.
Und ohne solchen Vorteil töt mich dann.

Aufbieten könnte ich so gut wie du
Titanen, Hexen noch dazu:
Sie heißen Treue und Verschwiegenheit,
Sobald ich ruf, für mich zum Dienst bereit.
Töt mich als Weib bloß, und ich sei
Bloß Mann, der stirbt. Gebrauch dabei
Nur deine Unkraft und du findest dann:
Selbst nackt hast du Vorteile vor dem Mann.

The Dissolution

She is dead; and all which die
To their first elements resolve;
And we were mutual elements to us,
And made of one another.
My body then doth hers involve,
And those things whereof I consist, hereby
In me abundant grow, and burdenous,
And nourish not, but smother.
My fire of passion, sighs of air,
Water of tears, and earthly sad despair,
Which my materials be,
But near worn out by love's security,
She, to my loss, doth by her death repair,
And I might live long wretched so
But that my fire doth with my fuel grow.
Now as those active kings
Whose foreign conquest treasure brings,
Receive more, and spend more, and soonest break:
This (which I am amazed that I can speak)
This death, hath with my store
My use increased.
And so my soul more earnestly released,
Will outstrip hers; as bullets flown before
A latter bullet may o'ertake, the powder being more.

Die Auflösung

Sie starb. Alles was stirbt
Löst sich in Elemente auf.
Wir warn uns Elemente, waren ganz
Aus zweien eins geworden.
Mein Leib nimmt ihren Körper auf,
Und alles, woraus ich besteh, erwirbt
Dadurch ein Mehr, und lästige Abundanz
Muß mich zuletzt ermorden.
Luft: Seufzer, Feuer: Leidenschaft,
Erde: Verzweiflung, Wasser: Tränensaft –
Baustoffe meines Ichs,
Durch sorglos üppige Liebe fast erschlafft,
Ihr Tod, Verlust mir, stärkt sie wesentlich.
Lang müßt ich leben voller Qual,
Wächst nicht mein Feuer mit dem Material.
Wie manchem König, der
Durch Auswärtssiege immer mehr
Geld einnimmt, doch auch ausgibt all das Geld,
Vermehrte mir, wie baff ich festgestellt,
Ihr Tod mit meinem Vorrat auch
Den Stoffverbrauch.
Und so wird meine Seele, freigesetzt,
Die ihre überholn, wie eine Kugel glatt
Die früher abgeschossene, da sie mehr Pulver hat.

A Jet Ring Sent

Thou art not so black, as my heart,
Nor half so brittle, as her heart, thou art;
What wouldst thou say? Shall both our properties by thee be
    spoke,
Nothing more endless, nothing sooner broke?

Marriage rings are not of this stuff;
Oh, why should aught less precious, or less tough
Figure our loves? Except in thy name thou have bid it say,
I am cheap, and naught but fashion, fling me away.

Yet stay with me since thou art come,
Circle this finger's top, which didst her thumb.
Be justly proud, and gladly safe, that thou dost dwell with me,
She that, oh, broke her faith, would soon break thee.

Als sie einen Jett-Ring sandte

So schwarz nicht wie mein Herz, du bist
Nicht halb so brüchig, wie ihr Herz es ist.
Sprichst du von unseren Eigenschaften, kleiner Ring?
So endlos und so brüchig ist kein Ding.

Ein Ehering ist aus hartem Gold,
Und solche wertlos weiche Sache sollt
Für unsre Liebe stehn? Nimmst du für sie das Wort:
Bin billig, nichts als Mode, wirf mich fort.

Doch bleib schon da, und es umschling,
Mein kleinen Finger nun ihr Daumenring.
Sei stolz und fühl dich sicher bei mir nach und nach:
Sie bräch entzwei dich, wie sie Treue brach.

Negative Love

I never stooped so low, as they
Which on an eye, cheek, lip, can prey,
Seldom to them, which soar no higher
Than virtue or the mind to admire,
For sense, and understanding may
Know, what gives fuel to their fire:
My love, though silly, is more brave,
For may I miss, whene'er I crave,
If I know yet what I would have.

If that be simply perfectest
Which can by no way be expressed
But negatives, my love is so.
To all, which all love, I say no.
If any who decipher best,
What we know not, ourselves, can know,
Let him teach me that nothing; this
As yet my ease, and comfort is,
Though I speed not, I cannot miss.

Negative Liebe

Nie sank so tief ich, wie der sinkt,
Der sich an Aug und Mund sattrinkt,
Selten wie einer, den schon Geist
Und Tugend zur Bewunderung hinreißt;
Gut wüßten Sinne und Verstand,
Was echt sein Liebesfeuer speist.
Ich lieb mit kühnrer Zuversicht.
Bleibt aus, worauf ich Hoffnung richt,
Weiß ich doch, was ich will, was nicht.

Wenn am vollkommensten, was man
Nur in Verneinung sagen kann,
So muß es meine Liebe sein:
Zu allem, was alle lieben, sag ich nein.
Wer was wir nicht verstehn verstand,
D.h. uns selbst kennt voll und rein,
Der lehr mich dieses Nichts verstehn.
Es ist mir Trost, weil ich erkenn,
Mir wird, krieg nichts ich, nichts entgehn.

The Prohibition

Take heed of loving me,
At least remember, I forbade it thee;
Not that I shall repair my unthrifty waste
Of breath and blood, upon thy sighs, and tears,
By being to thee then what to me thou wast;
But, so great joy, our life at once outwears,
Then, lest thy love, by my death, frustrate be,
If thou love me, take heed of loving me.

Take heed of hating me,
Or too much triumph in the victory.
Not that I shall be mine own officer,
And hate with hate again retaliate;
But thou wilt lose the style of conqueror,
If I, thy conquest, perish by thy hate.
Then, lest my being nothing lessen thee,
If thou hate me, take heed of hating me.

Yet, love and hate me too,
So, these extremes shall neither's office do;
Love me, that I may die the gentler way;
Hate me, because thy love's too great for me;
Or let these two, themselves, not me decay;
So shall I live thy stage, not triumph be;
Lest thou thy love and hate and me undo,
To let me live, Oh love and hate me too.

Das Verbot

Hüt dich zu lieben mich,
Zumindst, daß ichs verbot, erinnre dich.
Damit ich dir nicht werd, was du mir warst,
Damit du das, was ich verschwendet hab,
Blut, Atem, Tränen, Seufzer dir ersparst.
Doch bringt so großes Glück uns gleich ins Grab.
Daß mein Tod deine Liebe nicht vernicht,
Wenn du mich liebst, hüt dich zu lieben mich.

Hüt dich zu hassen mich.
Gib dich im Siege nicht zu siegerlich.
Nicht, daß ich selbst dann mein Vollstrecker wär,
Der Haß mit Haß vergilt, doch du verlörst
Den Ruf »Eroberin«, wenn du hinterher
Mich, die Eroberung, durch Haß zerstörst.
Drum, daß mein Nichtsein nicht verringre dich,
Wenn du mich haßt, hüt dich zu hassen mich.

Doch lieb und hasse mich.
Dann wirken die Extreme gegen sich.
Lieb mich, daß ich auf sanftre Weise sterb.
Haß mich, für deine Lieb bin ich zu klein.
Sie sei'n nicht mir, sich selber zum Verderb,
So werd ich Spiel dir, doch nicht Opfer sein.
Ermorde Haß und Lieb nicht, noch mein Ich!
Drum, daß ich lebe, lieb und hasse mich.

The Expiration

So, so, break off this last lamenting kiss,
Which sucks two souls, and vapours both away,
Turn thou ghost that way, and let me turn this,
And let ourselves benight our happiest day,
We asked none leave to love; nor will we owe
Any, so cheap a death, as saying, Go;

Go; and if that word have not quite killed thee,
Ease me with death, by bidding me go too.
Oh, if it have, let my word work on me,
And a just office on a murderer do.
Except it be too late, to kill me so,
Being double dead, going, and bidding, Go.

Das Verhauchen

Weh, weh, so lös den klagend letzten Kuß!
Zwei Seelen saugt er an und haucht sie weg.
Dein Geist nehm jenen Weg, ich den zum Schluß,
Daß Nacht der Tage glücklichsten bedeck.
Wer bat zur Liebe um Erlaubnis je?
Warum zum Sterben mit dem Wörtchen »geh«?

Geh! Hat dies Wort dich nicht schon umgebracht,
Heil mich durch Tod und sage: »Geh auch du.«
Ists tödlich dir, üb es an mir die Macht,
So kommt es einem Mörder rechtens zu.
Zu spät wohl, daß man mich so sterben seh!
O Doppeltod: Ich geh und sage »Geh!«

The Computation

For the first twenty years, since yesterday,
I scarce believed, thou couldst be gone away,
For forty more, I fed on favours past,
And forty on hopes, that thou wouldst, they might last.
Tears drowned one hundred, and sighs blew out two,
A thousand, I did neither think, nor do,
Or not divide, all being one thought of you;
Or in a thousand more, forgot that too.
Yet call not this long life; but think that I
Am, by being dead, immortal; can ghosts die?

Eine Rechnung

Die ersten zwanzig Jahre, was seit gestern heißt,
Glaubt ich es kaum, daß du hinweggegangen seist,
Die nächsten vierzig Jahre nährte ich mich schon
Von alter Gunst und vierzig von der Illusion;
Tränen erstickten hundert, Seufzer zwei dazu;
Eintausend dachte ich (ich wußt nicht, was ich tu)
Nur eins, mein einziger Gedanke warest du.
Den zu vergessen, legte ich noch tausend zu.
Nenn dies nicht langes Leben! Doch du weißt,
Ich bin, da tot, unsterblich. Stirbt ein Geist?

The Paradox

No lover saith, I love, nor any other
Can judge a perfect lover;
He thinks that else none can, nor will agree
That any loves but he:
I cannot say I loved, for who can say
He was killed yesterday?
Love with excess of heat, more young than old,
Death kills with too much cold;
We die but once, and who loved last did die,
He that saith twice, doth lie:
For though he seem to move, and stir a while,
It doth the sense beguile.
Such life is like the light which bideth yet
When the light's life is set,
Or like the heat, which fire in solid matter
Leaves behind, two hours after.
Once I loved and died; and am now become
Mine epitaph and tomb.
Here dead men speak their last, and so do I;
Love-slain, lo, here I lie.

Das Paradoxon

Wer liebt, sagt nicht »Ich lieb«, noch kann wer wagen,
Wer wirklich liebt, zu sagen;
Er denkt, kein andrer könne lieben, gibt
Nie zu, daß auch ein andrer liebt.
Ich kann nicht sagen »Ich liebte« – wer kann sagen,
»Ich wurde gestern totgeschlagen«?
Liebe, unmäßig heiß, wohl eher jung als alt,
Erschlägt der Tod, unmäßig kalt.
Wer liebte, starb zuletzt. Ein Tod genügt.
Wer nochmals sagt, er liebe, lügt.
Wenn er sich auch noch kurz bewegt und rührt,
Schein ist es nur, der irreführt,
Sein Leben ist wie Licht, das sich verfing,
Wenn des Lichts Leben unterging,
Wie Wärme, die das Feuer für zwei Stunden
In festem Material gebunden.
Ich liebte einmal, starb und bin und hab
In mir mein Epitaph und Grab.
Da Letzte Worte üblich, will ich sagen:
Hier lieg ich, von der Lieb erschlagen.

Farewell to Love

Whilst yet to prove,
I thought there was some deity in love;
So did I reverence, and gave
Worship, as atheists at their dying hour
Call, what they cannot name, an unknown power,
As ignorantly did I crave:
Thus when
Things not yet known are coveted by men,
Our desires give them fashion, and so
As they wax lesser, fall, as they size, grow.

But, from late fair
His highness sitting in a golden chair,
Is not less cared for after three days
By children, than the thing which lovers so
Blindly admire, and with such worship woo;
Being had, enjoying it decays:
And thence,
What before pleased them all, takes but one sense,
And that so lamely, as it leaves behind
A kind of sorrowing dullness to the mind.

Ah cannot we,
As well as cocks and lions jocund be,
After such pleasures? Unless wise
Nature decreed (since each such act, they say,
Diminisheth the length of life a day)
This; as she would man should despise
The sport,
Because that other curse of being short,
And only for a minute made to be
Eager, desires to raise posterity.

Since so, my mind
Shall not desire what no man else can find,

Absage an die Liebe

Eh Liebe ich erfuhr,
Hielt Liebe ich für göttlicher Natur,
Verehrte sie im Bittgebet
Wie Atheisten in der Sterbenacht
Die »unnennbare, unbekannte Macht«.
Unwissend habe ich gefleht:
So gibt
Dem Unbekannten, wenn der Mensch es liebt,
Der Wunsch erst die Gestalt; es wächst wie er,
Bei Schwachen schwächlich und bei Starken sehr.

Auf ihrem goldenen Thron
Die Jahrmarktskönigin, die achten schon
In kurzem Kinder kaum so viel
Wie jenes Etwas, das Verliebte so
Blindlings verehrn und fordern lichterloh:
Die Bettlust und das Liebesspiel.
Was Spaß
Gemacht, zu bloßer Stimmung wird jetzt das,
Und zwar sehr lahmer, denn es läßt kein Glück,
Leidvolle Geistesdumpfheit nur zurück.

Warum nur könn wir, ach,
Nicht fröhlich sein wie Hahn und Löwe nach
Solchem Genuß? Wenn schon Natur
In ihrer Weisheit (obwohl jeder Akt
Dem Leben einen ganzen Tag abzwackt)
Nicht wollte, daß der Mensch Begattung stur
Verschmäht.
Denn jener andre Fluch (kurzlebig und unstät
Und für Minuten nur gemacht zu sein)
Gibt nur den Wunsch nach vielen Enkeln ein.

Mein Geist, er soll alsdann
Nicht mehr begehrn, was niemand finden kann.

I'll no more dote and run
To pursue things which had endamaged me.
And when I come where moving beauties be,
As men do when the summer's sun
Grows great,
Though I admire their greatness, shun their heat;
Each place can afford shadow. If all fail,
'Tis but applying worm-seed to the tail.

Nicht mehr mit schwärmerischer Lust
Verfolge ich, was mir so wehtat eh.
Und wenn ich herzbewegend Schöne seh,
Tu ich, wie du bei Sonne im August
Tun mußt:
Ich staun die Größe an und meid die Glut.
Schatten gibts überall. Hilft der nicht, kanns
Ein bißchen Wurmsaat: Die beruhigt den Schwanz.

A Lecture upon the Shadow

Stand still, and I will read to thee
A lecture, love, in love's philosophy.
These three hours that we have spent,
Walking here, two shadows went
Along with us, which we ourselves produced;
But, now the sun is just above our head,
We do those shadows tread;
And to brave clearness all things are reduced.
So whilst our infant loves did grow,
Disguises did, and shadows, flow,
From us, and our care; but, now 'tis not so.

That love hath not attained the high'st degree,
Which is still diligent lest others see.

Except our loves at this noon stay,
We shall new shadows make the other way.
As the first were made to blind
Others; these which come behind
Will work upon ourselves, and blind our eyes.
If our loves faint, and westwardly decline;
To me thou, falsely, thine,
And I to thee mine actions shall disguise.
The morning shadows wear away,
But these grow longer all the day,
But oh, love's day is short, if love decay.

Love is a growing, or full constant light;
And hist first minute, after noon, is night.

Vorlesung über den Schatten

Steh, Liebste, still und hör auf diesem Weg
Ein liebesphilosophisches Kolleg.
In drei Stunden Wanderns hier
Warn Begleiter dir und mir
Zwei Schatten, die wir selbst hervorgebracht.
Wir haben, häuptlings steht die Sonne jetzt,
Den Fuß auf sie gesetzt.
Alles ist klar und umrißscharf gemacht.
Als Liebe jung, noch ängstlich sehr,
Warfen wir Schatten vor uns her,
Uns zu vermummen. So ists jetzt nicht mehr.

Die Liebe steht noch nicht in dem Zenith,
Die voller Angst ist, daß sie einer sieht.

Macht unsre Liebe nicht im Mittag halt,
Gibts Schatten andrer Richtung bald.
Machten jene andre blind,
Diese, die jetzt folgen, sind
Für uns und blenden unsre Augen nun.
Sinkt unsre Liebe, schwach, dem Westen zu
Wirst falscherweise du
Wie ich vor dir verbergen mir dein Tun.
Die Morgenschatten werden schwach.
Doch diese wachsen lang – und ach,
Der Liebe Tag ist kurz, läßt Liebe nach.

Der Liebe Licht wächst stetig angefacht,
Ein Augenblick nach Mittag ist schon Nacht.

The Token.

Send me some token, that my hope may live,
Or that my easeless thoughts may sleep and rest;
Send me some honey to make sweet my hive,
That in my passions I may hope the best.
I beg no ribbon wrought with thine owne hands,
To knit our loves in the fantastic strain
Of new-touched youth; nor ring to show the stands
Of our affection, that as that's round and plain,
So should our loves meet in simplicity.
No, nor the coralls which thy wrist enfold,
Lac'd up together in congruity,
To show our thoughts should rest in the same hold,
No, nor thy picture, though most gracious,
And most desir'd cause 'tis like thee [the] best;
Nor witty lines, which are most copious,
Within the writings which thou hast addressed.

Send me nor this, nor that, t'increase my score,
But swear thou thinkst I love thee, and no more.

Das Liebespfand

Schick mir ein Pfand, daß meine Hoffnung lebe!
Mein rastlos Grübeln ruh und raste dann.
Schick Honig, der dem Leiden Süße gebe,
Daß ich im Leid das Beste hoffen kann.
Ich will kein Band gewebt von deinen Händen,
Das unsre Lieben jugendkräftig flicht.
Du sollst auch, bitte, keinen Ring mir senden,
Der unsrer Neigung Stand zeigt: rund und schlicht.
In Schlichtheit solln sich unsre Lieben finden:
Schick nicht Koralln, die um dein Handgelenk
In schöner Harmonie sich sanft verbinden –
Gleichnis, daß jeder von uns Gleiches denkt,
Nein, auch dein Bild nicht, das höchst anmutsvolle,
Wie du das beste und drum heiß begehrt,
Auch nicht die Verse, witzig liebestolle,
In all den Briefen, die du mir verehrt.

Mich zu bereichern, schick nichts mehr. Nur schwör,
Du glaubest fest, ich liebe dich, nichts mehr.

Self Love

He that cannot choose but love,
And strives against it still,
Never shall my fancy move;
For he loves against his will;
Nor he which is all his own,
And can at pleasure choose,
When I am caught he can be gone,
And when he list refuse.
Nor he that loves none but fair,
For such by all are sought;
Nor he that can for foul ones care,
For his judgement then is nought:
Nor he that hath wit, for he
Will make me his jest or slave
Nor a fool for when others, ...
He can neither ...
Nor he that still his mistress pays,
For she is thrall'd therefore:
Nor he that pays not, for he says
Within she's worth no more.
Is there then no kind of men
Whom I may freely prove?
I will vent that humour then
In mine own self love.

Eigenliebe

Wer liebt, weil er nicht anders kann
Und sich nicht sträubt dagegen –
Nein, so ein willenschwacher Mann
Soll nie mein Herz bewegen.
Doch auch nicht so ein Willensbold,
Der nach Gefalln entscheidet,
Der, fing er mich, davon sich trollt,
Und dableibt, wenns ihm leidet.
Auch der nicht, der nur Schöne jagt,
Die jagen alle nämlich,
Nicht der, dem Häßliches behagt,
Sein Urteil ist dann dämlich.
Auch nicht der Schlaumann, denn er macht
Zur Sklavin mich und Närrin.
Doch auch kein Narr, der nur blöd lacht,
Entreißt man ihm die Herrin.
Nicht der die Liebste reich beschenkt,
Daß er sie knechte schneller,
Noch der, der nichts schenkt, denn er denkt,
Wert ist sie keinen Heller.
So gibts denn nichts in Männerkluft,
Was mir zur Probe bliebe?
Ich mache meiner Neigung Luft,
Indem ich selbst mich liebe.

Nachwort

I.

»Um Gottswilln, halt den Mund und laß mich lieben!«

So grob, so ›wild herausfahrend‹, so hitzig besitzergreifend beginnt ein Gedicht mit dem Titel *Die Heiligsprechung.* In einem quasidramatischen Monolog weist der Sprecher mit einer Reihe herrischer Imperative seiner Mitwelt nützliche und absurd unnütze Tagesgeschäfte der unterschiedlichsten Art zu und erhebt für sich den ausschließlichen Anspruch auf das einzig sinnvolle, lebensnotwendige Tun: zu lieben. Daran fügt er eine ebenso lange Reihe rhetorischer Fragen, die in bewußter Übertreibung Unschuld und Weltverträglichkeit seiner Liebe und der seiner Geliebten beteuern. In der dritten Strophe streben die Liebenden übergangslos dem Höhepunkt im doppelten Wortsinne zu. Im Bild des Mythos vom Vogel Phönix sterben die Liebenden den ›kleinen Tod‹ und erleben die Auferstehung, indem sie selbst zum in der Dichtung aufbewahrten Mythos werden, am Ende wie ein Sternbild in den Himmel erhoben, an das die Liebenden auf der Erde Bittgebete richten.

Wem ist eine solche blasphemisch anmutende Selbstheiligsprechung zuzurechnen? Ohne Zweifel, unverkennbar einem: John Donne.

John Donne wurde 1572, im Jahr der Bartholomäusnacht, als drittes von sechs Kindern eines vermögenden Eisenhändlers in London geboren. Seine Mutter war eine Großnichte von Thomas More, dem Verfasser der *Utopia.* Sie muß eine außerordentlich vitale und lebenskluge Persönlichkeit gewesen sein. Nach dem frühen Tod ihres ersten Mannes (1576) heiratete Elizabeth Donne den Schriftsteller John Heywood und nach dessen Tod den Arzt Richard Rainford. Zum dritten Mal verwitwet zog sie zu ihrem Sohn John, den sie um ein Jahr überlebte. Von ihren sechs Kindern starben drei schon sehr früh; Anne, ihre einzige Tochter, die das Erwachsenenalter erreicht hatte, starb 1616. Ihr Sohn Henry war bereits 1593 im Gefängnis an der Pest gestorben. Er war eingekerkert worden, weil er einem flüchtigen katholischen Geistlichen Unterschlupf gewährt hatte.

Diese wenigen dürren Daten deuten auf ein überaus bewegtes Frauenschicksal in einer schwierigen, aufgewühlten Zeit hin, ein Leben, das »ein Meer war unter ständigem Sturm, wo eine Woge immer die andere überflutete«, wie der Sohn in einem Brief an die Mutter schrieb (um 1616).

Das Leben der Familie Donne wurde entscheidend durch die Zugehörigkeit zur katholischen Minderheit bestimmt. Zwei Onkel von John Donne waren Jesuiten. Sein Geburtsjahr 1572 – acht Jahre nach der Thronbesteigung Elisabeths I. und der Geburt William Shakespeares – war auch das Jahr, in dem Papst Pius V. Elisabeth exkommunizierte. Die Loslösung von Rom war zwar schon unter Elisabeths Vater, Heinrich VIII., erfolgt und der Versuch der Restauration unter Maria blutig niedergeschlagen worden, doch war die englische Staatskirche noch nicht endgültig konsolidiert. Die Staatsmacht sah sich von wirklichen und gemutmaßten katholischen Verschwörungen bedroht. Die spektakulärste war die sogenannte Babington-Verschwörung, die zur Hinrichtung Maria Stuarts führte, einem geschichtlich unerhörten Ereignis, das ganz Europa erschütterte und gewiß auch den fünfzehnjährigen Studenten John Donne.

Der Vater Donnes hinterließ wohl ein beträchtliches Vermögen, denn die Familie konnte, unterstützt von Verwandten, John und seinem Bruder eine ungewöhnlich gute Erziehung angedeihen lassen. John Donne ging 1584 nach Oxford und etwa drei Jahre später nach Cambridge. Der Aufenthalt dort ist allerdings nicht sicher belegt. Ein Studienabschluß blieb ihm verwehrt, da er die Suprematie-Akte von 1573, eine Loyalitätserklärung zur Anglikanischen Hochkirche und damit auch zum Staat, nicht unterschrieb. 1591 begann er ein Jurastudium, seit 1592 in der Rechtsschule Lincoln's Inn, die man sich – trotz des großen Stadtbrandes von 1666 – wohl so vorstellen darf wie die nur wenige Schritte abseits der Fleet Street noch heute existierende Londoner Sehenswürdigkeit, die zur juristischen Fakultät der Londoner Universität gehört.

In den neunziger Jahren des 16. Jahrhunderts war London die größte und lebendigste Metropole Europas, eine Stadt des aufstrebenden Bürgertums, der Geschäftemacher und der Glücksritter, der Hofintrigen und der Günstlingswirtschaft, der gegenseitigen Denunziation, des feinmaschigen Geheimdienstes eines Sir Francis Walsingham und des freidenkerischen Kreises um Sir Walter Raleigh. Am Theaterhimmel begann der Stern Christopher Marlowes aufzugehen, der mit *Tamerlan,* dem Drama des Übermenschen, eines gottlosen, skrupellosen Willensmenschen, ungeheuren Erfolg hatte, den das Stück aber auch in den Verruf des Atheismus brachte. Donne, dem Sir Richard Bakers nachsagte, er sei als »junger Mann ein großer Damenbesucher und ein großer Schauspielbegeisterter« gewesen, wird Marlowes Stücke (neben *Tamerlan, Dr. Faustus* und *Der Jude von Malta)* wohl auf dem Theater erlebt haben, und es dürfte auch sicher sein, daß der Einundzwanzigjährige vom Tod Marlowes bei einer Messerstecherei gehört hat. In jenen Jahren wurden von Shakespeare *Ein Sommernachtstraum, Der Kaufmann von Venedig, Julius Cäsar* und *Heinrich V.* uraufgeführt.

In diesen letzten Jahren des 16. Jahrhunderts entstanden die Gedichte der Sammlung *Songs and Sonnets,* die hier in Übersetzung vorgelegt werden. Zu Lebzeiten Donnes wurden diese Gedichte nicht veröffentlicht, sie kursierten jedoch in Abschriften. Gedruckt wurden sie zum ersten Mal 1633 – zehn Jahre nach der berühmten First Folio-Ausgabe der Stücke Shakespeares – und erlebten mehrere Auflagen. Ebenfalls dieser Zeit entstammen Donnes Satiren, in denen er die Mißstände am Hofe, in den Gerichten und der Kirche anprangerte. Die Satiren sind lange Zeit Donnes bekannteste Werke geblieben. Die grobschlächtigen Verse der Satiren II und IV hat im 18. Jahrhundert (1713 bzw. 1733/35) der Dichterkönig seiner Zeit, Alexander Pope, geglättet und ihren Ausdruck im Sinne einer klassizistischen Ästhetik ›verbessert‹. Die Satire III beschreibt die Suche nach der wahren Kirche. Donnes erster Biograph vertrat die Auffassung, daß Donne schon im Alter von neunzehn Jahren starke Zweifel daran hatte, ob sich die Treue zum angestammten Glauben noch lohne, und sich deshalb in theologische Studien gestürzt habe, um den Weg zur Rechtgläubigkeit zu finden.

In den späten neunziger Jahren ging Donne auf Reisen. Er besuchte Italien und Spanien und nahm 1596 an der Expedition des Earl of Essex teil, in der die spanische Flotte bei Cadiz zerstört wurde. Vielleicht geht auf dieses Erlebnis eines der Epigramme Donnes zurück.

A burnt Ship
Out of a fired ship, which by no way
But drowning, could be rescued by the flame,
Some men leaped forth, and ever as they came
Near the foe's ship, did by their shot decay;
So all were lost, which in the ship were found,
They in the sea being burnt, they in the burnt ship drowned.

Ein Schiffsbrand
Aus einem brennenden Schiff, das vor den Flammen
Nur das Im-Meer-Ertrinken retten kann,
Stürmten Matrosen rüber, immer näher ran
Ans Schiff des Feindes – der schoß sie zusammen.
Verloren alle, die auf See zusammgetroffen;
Im Meer verbrannt, im brennenden Schiff ersoffen.

Sechs Zeilen, die die ganze Absurdität des Krieges zeigen. Im Jahr darauf war Donne Mitglied einer glücklosen Kaperfahrt zu den Azoren und wurde 1601 Sekretär des Lordsiegelbewahrers Sir Thomas Egerton.

Donne schrieb damals an dem nie vollendeten langen Gedicht *The Progress of the Soul or Metempsychosis,* das die Wanderungen der Seele seit Erschaffung der Welt durch die verschiedenen Leiber beschreiben sollte, ein mit Gelehrsamkeit und vielen schwer zu enträtselnden Anspielungen gespicktes Gedicht.

Im Hause des Sir Egerton lebte dessen Nichte Ann More. John Donne verliebte sich in das siebzehnjährige Mädchen und ließ sich im Dezember 1601 zu einer heimlichen Heirat hinreißen. Der Vater des Mädchens, ein einflußreiches Mitglied der katholischen Partei, zwang Egerton, als die Heirat bekannt wurde, Donne auf der Stelle zu entlassen. Donne wurde, zusammen mit seinem Freund Samuel Brooke, der ihn getraut hatte, und dessen Bruder Christopher für kurze Zeit ins Gefängnis geworfen. Der Schwiegervater gab schließlich die Einwilligung zu dieser Ehe, unterstützte die junge, ständig wachsende Familie jedoch nicht. Donne lebte weiterhin von den Resten des väterlichen Vermögens und war auf die Hilfe der Verwandtschaft angewiesen.

Mit dem Tod Elisabeths I., 1603, ging eine Epoche zu Ende. Für Donne änderte sich die Lage trotz einer vorübergehenden Anstellung bei Thomas Morton, dem späteren Bischof von Durham, nur wenig. Donne half Morton, Material gegen die Teilnehmer an der sogenannten Pulververschwörung (5. Nov. 1605) zu sammeln. Dies legt die Vermutung nahe, daß er sich zu diesem Zeitpunkt, zumindest nach außen hin, von der katholischen Kirche getrennt haben muß.

Trotz seiner materiellen Notlage unternimmt Donne eine Reise nach Frankreich und zieht 1606 nach Mitcham, doch schon ein Jahr später zurück nach London. Damals schrieb er das 28-strophige Gedicht *Die Litanei* als eine Art Einübung in Geduld und Ergebenheit. Gleichzeitig arbeitete Donne »auch an dem *Biathonos,* einer gründlichen Untersuchung über den Selbstmord und die Frage, ob er zulässig sei oder nicht, was er in höchst kasuistischer Methode aus dem Naturrecht, dem Zivil- und Kirchenrecht und der Schrift und den Vätern zu belegen suchte; vielleicht war dieses seltsame Werk ... ein Dokument der Katharsis, in dem er sich von dem ihn bedrängenden Wunsche, seinem Leben ein Ende zu machen, befreien wollte.« (Annemarie Schimmel, S. 16)

In den folgenden Jahren begannen sich Donnes Lebensumstände zu bessern. Neben Magdalena Herbert, der Mutter des frommen Dichters George Herbert, fand er in der

Countess of Bedford, die in Twickenham vor den Toren Londons einen Kreis bedeutender Schriftsteller um sich geschart hatte, eine großzügige Gönnerin. Auch der Schwiegervater, Sir George More, sorgte schließlich für ein bescheidenes Einkommen, so daß die Familie keine Not litt. 1610 erschien Donnes erstes Buch, *Pseudo-Martyr,* eine antikatholische Schrift, in der Donne, dem seine Weigerung, den Suprematie-Eid zu leisten, alle Aufstiegsmöglichkeiten in einer weltlichen Laufbahn verbaut hatte, seine Abkehr von einer rigorosen Treuehaltung begründete: »Wir sind nicht in die Welt gesandt worden, um zu leiden, sondern um zu handeln und die Pflichten der Gesellschaft zu erfüllen, die durch unsere verschiedenen Berufungen erfordert werden.« (A. Schimmel, S. 17) Man mag dies als Opportunismus auslegen. Fast vier Jahrhunderte später erscheint diese Entscheidung jedoch als verständlich und verzeihlich. Donne wendet sich ja nicht vom christlichen Glauben ab; im Gegenteil, gerade in diesen Jahren entstehen die ersten geistlichen Sonette, 1613 das großartige Karfreitagsgedicht. Irritieren mag, daß Donne es für nötig hielt, im Jahr 1610 auch eine grimmige Satire gegen die Jesuiten, *Ignatius His Conclave* (ed. 1611), zu verfassen, wenn man bedenkt, daß zwei seiner Onkel Jesuiten waren. Diese Satire wurde zu Donnes Lebzeiten – anonym – noch dreimal nachgedruckt.

1610 starb im Alter von vierzehn Jahren Elizabeth, die Tochter von Sir Robert Drury, eines hochangesehenen und reichen Adeligen. Donne schrieb eine kurze Elegie auf den Tod des Mädchens, das er nie gesehen hatte. 1611 verfaßte er zum Totengedächtnis die lehrhafte Dichtung *First Anniversary / An Anatomy of the World.* Wie schon der Titel andeutet, greift das Werk weit über das persönliche Schicksal des Kindes hinaus und stellt die Schwächen, die Krankheit, den Verfall der Welt dar. Donne hat Sir Robert Drury möglicherweise vor der Abfassung und Veröffentlichung der *First Anniversary* nicht gekannt. Durch das Gedicht kam es zur Bekanntschaft, vielleicht sogar Freundschaft zwischen den beiden Männern. Im Winter 1611 nahm Drury Donne auf eine Europareise mit; sie blieben mehrere Monate auf dem Kontinent, vor allem in Frankreich.

Nach der Rückkehr von der Frankreichreise schrieb John Donne eine Elegie auf den frühen Tod des Prinzen von Wales, Henry, des ältesten Sohns und Thronerben Jakobs I. Der Prinz war im November 1612 achtzehnjährig an Typhus gestorben. Das dunkle, mit Anspielungen überfrachtete Gedicht von 98 Zeilen ist sehr umstritten, wurde heftig kritisiert und hoch gelobt. Der heutige Leser fragt sich, wie Donne hoffen konnte, mit einem so schwierigen und obskuren Gedicht die Aufmerksamkeit des Königs zu gewinnen, was offenkundig die Absicht solcher Hof- und Gesellschaftsdichtung war. Dasselbe gilt für ein Epithalamion (Hochzeitslied) für Elisabeth, die einzige Tochter Jakobs I., die 1613 den deutschen Pfalzgrafen Friedrich, den nachmaligen »Winterkönig«, ehelichte. Alle Pläne und Versuche Donnes, doch noch – er ist immerhin schon vierzig Jahre alt – sein Glück im Staatsdienst zu machen, schlagen fehl, und Donne spielt zeitweilig mit dem Gedanken, in die Neue Welt, nach Virginia, auszuwandern. Als feststeht, daß ihm der König nur eine Karriere im kirchlichen Dienst gestatten würde, läßt sich Donne im Januar 1615 ordinieren. Diese Ordination war vermutlich nur zu einem Teil ein Akt der Resignation. Wie angedeutet, hat Donne sich schon früh mit theologischen Fragen beschäftigt, und mehrere, wenn nicht die meisten seiner geistlichen Sonette und Gedichte sind nach Meinung einiger Gelehrter vor seiner Ordination entstanden (so der Herausgeber einer Donne-Ausgabe von 1985, C.A. Patrides, S. 429). Donne wird bald ein beliebter Prediger, und man verleiht ihm den theologischen Doktor.

1617 trifft Donne und seine Familie ein grausamer Schicksalsschlag: Seine Frau Ann stirbt bei der Geburt des zwölften Kindes, erst 33 Jahre alt. Ihr gilt eines der persönlichsten der geistlichen Sonette, dessen Eingangsstrophe lautet:

Since she whom I loved hath paid her last debt
To Nature, and to hers, and my good is dead,

And her soul early into heaven ravished,
Wholly on heavenly things my mind is set.

Seit die ich liebte der Natur zuletzt
Die Schuld bezahlt, seit Himmel schnell und scheel
(mir, ihr zum Heil) entrückte ihre Seel,
Hab ich den Sinn auf Himmlisches gesetzt.

Donnes Verse sind oft rauh. Bei den ersten zwei Zeilen dieses Sonetts, Versen voller rhythmischer Querstände, die das Taktschema zerbrechen lassen, glaubt man den Grund für die mangelnde Glätte zu hören: die seelische Erschütterung kann sich nur im gequälten Schrei, nicht in der gefälligen Kantilene lösen.

1619, also im zweiten Jahr des Dreißigjährigen Krieges, nimmt Donne als Kaplan der Gesandtschaft des Viscounts Doncaster an einer Deutschlandreise zur Unterstützung des protestantischen Lagers teil. Am 16. Juni predigt er in Heidelberg vor der Tochter Jakobs I., Elisabeth, und ihrem Gatten, dem Pfalzgrafen. Vor der Abreise nach dem Kontinent schrieb Donne eine *Hymne an Christus / Als der Dichter sich zum letzten Mal nach Deutschland einschiffte*, nach Koppenfels »eine bewegende Absage an alle irdische Liebe inmitten des eigenen Lebenswinters«, (...) »eine letzte hochgespannte Liebesbeziehung« zu Gott »in einer schwankenden, zunehmend verdunkelten Welt, Eros im Schatten des Todes.« (v. Koppenfels, S. 146 f.)

Im Winter 1623 erkrankte Donne schwer an einem gastrischen Fieber. In dieser Zeit schrieb er die dreiundzwanzig *Devotions on Emergent Occasions,* ein Andachtsbuch, das, 1624 veröffentlicht, noch zu Donnes Lebzeiten zweimal nachgedruckt wurde. Ein Absatz der 17. Andacht dieser Meditationen lieferte zwei geflügelte Worte:

»Kein Mensch ist eine Insel, ganz nur sich selbst gehörig; jeder Mensch ist ein Stück des Kontinents, ein Teil des Ganzen. Wenn ein Erdklumpen von der See weggewaschen wird, so wird Europa ebenso etwas weniger, als wäre es ein ganzes Vorgebirge, ebenso, als wäre es ein Landgut eines deiner Freunde oder dein eigenes: der Tod jedes Menschen vermindert mich, weil ich mit der Menschheit verflochten bin. Deshalb sende niemals Boten aus, um zu erfahren, für wen die Glocke läutet – sie läutet für dich.« (Schimmel, S. 168) For whom the bell tolls – Hemingway hat diese Wendung zum Titel seines bedeutendsten Romans gemacht. Auch »Kein Mensch ist eine Insel« hat es in leicht veränderter Form zu Romantitel- und Zitatehren gebracht.

Die letzten zehn Jahre seines Lebens – 1621 war Donne Dean von St. Paul's geworden – sind ganz dem geistlichen Amt gewidmet. Für den nachgeborenen Bewunderer des kühnen und originellen Dichters mag der Prediger eine Enttäuschung sein. Donne ist nun ganz zum Konservativen geworden, der die Einschränkungen der Predigtfreiheit Jakobs I. unterstützt, die Ausbeutung der Kolonien rechtfertigt und den Christen das Recht zuspricht, die Ungläubigen ihres Landes zu berauben. Donnes Konformismus wird aber vielleicht verständlich, wenn man bedenkt, daß er über die längste Zeit seines Lebens als Katholik ein Außenseiter gewesen war, dem alle Türen verschlossen blieben und der erst als Dreiundvierzigjähriger zu Amt und Würden kam.

John Donne starb am 31. März 1631. Sein Grabmonument ist noch heute in der St. Pauls Kathedrale zu sehen.

II.

Werner von Koppenfels stellt seiner Donne-Auswahl *Alchimie der Liebe* (1992²) die schöne Widmung voran: »Für Wolfgang Clemen, der mir das Buch *Donne* geöffnet hat.« Der Verfasser dieser Übersetzung der *Songs and Sonnets* müßte diese Widmung eigentlich wiederholen. Es mag 1955 oder 1956 gewesen sein, daß er als Student in München in den Vorlesungen Clemens einer Interpretation von Literatur begegnete, die ihm vertraute traditionelle Vorstellungen außer Kraft setzte. Clemen zeichnete ein Shakespearebild, das mit dem aus Sturm-und-Drang-Zeiten überlieferten Bild von Shakespeare als dem regelverachtenden Naturgenie nichts mehr zu tun hatte. In seinen Büchern wies Clemen die stilbildenden Einflüsse der Seneca-Tragödie und der Redeformen und Redefiguren der klassischen und mittelalterlichen Rhetorik nach. Die berühmte Rede des Antonius nach der Ermordung Cäsars ist ein Schulbeispiel für die Anwendung aller rhetorischen Mittel der Überzeugung und der Überredung. Wie in der Dramatik, so auch in der Lyrik. Auch hier konfrontierte Clemen der geläufigen Definition von Lyrik, die vom klassisch-romantischen Lied abgeleitet war, die andere gegensätzliche Tradition, für die Namen wie Petrarca und Gongora und eben auch Donne stehen. Clemen, der ebenso kompetent über Chaucer wie Keats schrieb, machte in einer Überblicksvorlesung seine Studenten mit dieser antiklassischen Tradition bekannt. Es war in diesem Kolleg, daß mir Donne zum ersten Mal begegnete. Eine kleine hektographierte Sammlung von Gedichten enthielt, wohl aus didaktischen Gründen, auch den *Floh.* Das war nun alles andere als Gefühlsdichtung, alles andere als die Konfession einer schönen Seele. Es war Dichtung als Kunstübung, keine romantische Herzensergießung. Es kostete den in der deutschen Tradition erzogenen Lyrikfreund einige Mühe, die Reize und das Eigenrecht dieser Art Dichtung zu erkennen und richtig einzuschätzen.

Dichtung als Kunstübung – ja, aber eben nicht nur. Das Faszinierende an Donnes Liebesgedichten ist, daß sie auch im Abstand von 400 Jahren den Leser durch ihre Frische, ihre spontane Leidenschaft, ihren Witz und, ja, auch ihre Derbheit und Anzüglichkeit und ihre unverhohlene sexuelle Direktheit verblüffen.

An einem Gedicht wie *Der Floh* lassen sich einige Eigentümlichkeiten der Gedichte John Donnes ablesen. Das Thema ist nicht neu. Neu ist die Art der Behandlung des an sich poesieunwürdigen Gegenstandes. Der Floh, der die Liebenden gebissen hat, wird zum »lebendigen Haus aus Jett«, in dem die symbolische, nach damaliger Ansicht aber durch Vermischung des Blutes auch reale Vereinigung der Liebenden stattfindet. Donne zieht aus dieser dem Gedicht zugrundeliegenden Vorstellung alle nur denkbaren Folgerungen. Frivol der Schluß, daß in einem solchen Fall nicht von Verlust der Jungfräulichkeit oder der weiblichen Ehre die Rede sein könne, juristisch-rabulistisch die Überlegung, daß wer den Floh erschlüge, nicht nur einen Doppelmord, sondern auch noch einen Selbstmord beginge, eine Behauptung, die nur gilt, wenn man die Übertreibung akzeptiert, daß der Floh durch Blutmischung für drei Leben stehe – »Der Floh ist du-und-ich« und er selbst. Übertreibungen dieser Art sind einer der markantesten Stilzüge Donnescher Dichtung.

Wie viele Gedichte Donnes beginnt auch *Der Floh* mit einem einprägsamen schlagkräftigen Reimpaar, das in diesem Fall schon den Grundgedanken des Gedichts, der auch in der Schlußpointe wiederkehrt, anspricht. Diese lehrhafte imperative Geste findet sich bei Donne öfters. Doch trockene Schulmeisterei ist seine Sache nicht. Das Lehrhafte wird durch Ironie und Witz aufgehoben. *Der Floh,* der seit 1635 die Songs and Sonnets eröffnet, hat Donne auch heftige Kritik eingetragen. Es ist der forsche, fast zynische Ton eines Weiberhelden, der den Zorn der Kritiker erregte. Zusammen mit einigen anderen Gedichten wie *Der Indifferente* oder *Liebeswucher* scheint das Gedicht auf einen jungen rücksichtslosen Lebemann hinzuweisen, wenn man die Texte als autobiographische Belege liest, was man jedoch nicht tun sollte. Zwar gehören die *Songs and Sonnets* alle der frühesten Schaffensperiode an, in der der Autor in der Tat das Leben eines einigermaßen vermögenden jungen Kavaliers führte; wir erinnern uns, daß er eifriger Theatergänger und Damenbesucher gewesen sein soll. Doch sind Themen, Motive und Bilder einem Autor zu Beginn des 17. Jahrhundert in vielem vorgegeben, und auch seine Haltungen, seine Einstellungen sind nur im ideologischen Kontext seiner Epoche verständlich. So sollte man Zeilen über die generelle Treulosigkeit der Frau (»Nirgends fandst du Schöne treu«) nicht als persönliche Erfahrung oder als satirisches Urteil lesen. Es ist gängige Zeitmeinung, die man cum grano salis nehmen muß; wie auch die sophistische Unterscheidung von Männer- und Frauenliebe in Analogie zu Engel- und Luftreinheit *(Luft und Engel)* m.E. ironisch verstanden sein will: Der minimale, fast nicht wahrnehmbare oder erkennbare Unterschied führt sich durch Unerheblichkeit selbst ad absurdum.

Auch andere Gedichte Donnes folgen Vorbildern oder tradieren Formen, z.B. des Abschiedsgedichts oder des Tagelieds. Für den Typ Tagelied gibt es drei Beispiele, die mit zu den schönsten Gedichten Donnes zählen: *Tagesanbruch, Sonnenaufgang* und *Das Gutmorgen. Tagesanbruch* führt das Motiv liedhaft, leichtfüßig und sentenzhaft aus. Es ist hier übrigens die Frau, die als lyrisches Ich auftritt. *Das Gutmorgen* ist – wie *Der Jahrestag* – die jubelnde Feier eines glückseligen Augenblicks, einer Totalitätserfahrung, die die Welt verwirft und die Liebenden als Welt, »die jeder ist und jeder hat«, an ihre Stelle setzt. Daß die Liebenden einander die Welt, das All, das Universum sind und es repräsentieren, ist ein Gedanke, den Donne mehrmals ausspricht, kurz statuierend etwa in der *Heiligsprechung,* wo die Liebenden die Menschenwelt (»Stadt, Land und Hof«) im Auge wie in einem Spiegel konzentrieren, oder breiter ausgeführt wie in dem dritten der Tagelieder, *Sonnenaufgang*. Oft treten bei Donne Concetti, Denkbilder, metaphorische Vergleiche wie die Gleichsetzung Welt = Ich unverbunden oder zusammen mit anderen Bildern heterogener Art auf; im *Sonnenaufgang* haben wir in den Strophen zwei und drei ein durchgehendes, im Detail ausgeführtes Concetto, das Bild von den Liebenden als einem Konzentrat der Welt:

> Die Fürsten ich! Die Staaten sie!
> Nichts ist sonst echt. [...]
> Doch ist dirs Pflicht,
> Die Welt zu wärmen – wärm uns, so ists bestellt.
> (Die Sonne ist angesprochen.)

Der Gedanke, daß die Geliebte die Welt des Liebenden ist, sie in seinen Augen alle Reichtümer und Würden der Welt umfaßt und übertrifft, ist ein altüberlieferter Gedanke wie auch die komplementäre Vorstellung, daß jede frühere Erfahrung nur eine unreife Vorbereitung und jede frühere Neigung und Bindung nur eine partielle Vorwegnahme der jetzigen sei. Was Donne von den älteren Dichtern unterscheidet, ist, daß er eine von den Liebenden geteilte Erfahrung voraussetzt. Die Geliebte ist nicht mehr nur Objekt der Bewunderung, der Lobpreisung und Verherrlichung aus der Ferne wie Petrarcas Laura; einseitige Liebe ist falsche Liebe. Bei Donne geht es, schlicht gesagt, um Liebe unter wirklichen Menschen, um Wechselseitigkeit. Liebe braucht, um in Erscheinung zu treten, den Leib *(Luft und Engel)* der Geliebten, deren Liebe durch den Mann wohl geweckt wird, aber doch auch aus sich selbst existiert. Selten schließt bei Donne ein Gedicht so ungebrochen, ja triumphal wie *Sonnenaufgang,* das in den Schlußzeilen der Sonne befiehlt:

> Schein uns und du bist überall. Dies Kabinett
> Sei deine Sphäre, Brennpunkt dieses Bett.

Das zweite Herzwort der *Songs and Sonnets* neben der Liebe ist der Begriff des Todes. T.S. Eliot, der Wiederentdecker Donnes für das 20. Jahrhundert, sagt in seinem Gedicht *Whispers of Immortality* über Donnes Zeitgenossen John Webster (1580-1625):

> Webster was much possessed by Death
> And saw the skull beneath the skin;
> And breastless creatures under ground
> Leaned backward with a lipless grin.

> Webster sah, todbesessen, unter
> Der Haut den Totenkopf der bleckt
> Mit lippenlosem Grinsen, Wesen
> Brustlos im Erdreich ausgestreckt.

und fährt in der dritten Strophe fort:

> Donne, I suppose, was such another

Donne war also auch einer, der vom Todesgedanken besessen war. Der Tod ist allgegenwärtig und immer wieder stoßen wir auf die Gleichung Abschied = Trennung = Tod.

Starb ich, o Mörderin, an deinem Hohn
(Die Erscheinung)
Sterb ich zum letzten Mal, und sieh,
Ich sterb, sooft ich von dir geh
(Das Vermächtnis)
Wenn wieder man mein Grab aufsprengt
(Die Reliquie)
Wer mich ins Bahrtuch hüllt
(Das Begräbnis)

oder der Beginn des Gedichts *Der Fieberhauch:*

Sterb ich, und Ärzte wissen nicht, woran

All dies sind Anfangszeilen, die Tod und Sterben als Ausgangssituation für liebevolle, aber auch kalt abrechnende Spekulationen über das Verhältnis der Liebenden zueinander nach dem Tod konstituieren. Dabei ist immer mitzudenken, daß ja die bloße Trennung, daß der Abschied (auch der für kurze Zeit) schon Tod ist, so daß die Gedichte nicht nur einen hypothetischen Zustand beschreiben, sondern auch das jeweils gegenwärtige durch Abschied unterbrochene, aber noch anhaltende Liebesverhältnis meinen. Auch die Abschied-Gedichte (*Über das Buch, Das Weinen, Über meinen Namen im Fenster*) setzen im Grunde alle diesen in Gedanken vorweggenommenen Tod voraus. In der Verkürzung auf eine einzige Zeile in dem Gedicht *Das Verhauchen*:

O Doppeltod: ich geh und sage »Geh!«

Selbst das so scheinbar unbeschwerte *Lied* (Schönste, Liebste, hör, ich geh) wird von dem Todesgedanken beherrscht: jeder Abschied ist ein simulierter Tod. Der Schluß des ausdrücklich als Lied bezeichneten Gedichts enthält eine Engführung der Abschied-Todes-Entsprechung:

Im Schlafe zwar
Liegen wir uns abgewandt:
Wahrn das Leben doch einand,
Nichts trennt ein solches Paar.

Die Abwendung im Schlaf ist eigentlich Tod, deshalb folgt die unvermutete, paradoxe Versicherung, daß die Liebenden einander doch am Leben erhalten. Sie müßten es nicht, wäre Abwendung nicht Abschied, also Tod.

Die *Songs and Sonnets* haben nur ein Thema: Liebe. Selbst wenn Donne einen überlieferten Gedichttyp wie das Testament aufgreift, nimmt jede Strophe in der Kadenz die Wendung zu der in immer neuen Abwandlungen angesprochenen Liebe, die auch schon in der zweiten Zeile als Adressat genannt wird. Die Strophen mögen noch so viele Berufe oder Gesellschaftsschichten mit satirisch widersinnigen Legaten bedenken, es ist in Donnes Sicht doch immer nur die Liebe, die die Verbindung zu den Bedachten herstellt.

Von den Liedern der eher niederen Minne, also denen der herrischen oder frivolen Art, war schon die Rede. Donne liebte den Widerspruch und die Extreme, und so wunderte es nicht, daß er auch Liebeslieder von höchster Spiritualität geschrieben hat. In der eingangs zitierten *Heiligsprechung* wird die Liebe zu einer Religion erhoben, die ihre Anhänger als bürgerliche Existenzen auslöscht, um sie als bessere Menschen, ja Heilige neu zu erschaffen. Liebe ist das die Existenz immer wieder neu begründende Wunder. Sie ist das Inkommensurable, über alle Begriffe Hinausgehende, das *Ein Abschied: Über das Buch* durch ins Übermenschliche, ja Universale gesteigerte Bilder beschreibt. Der Briefwechsel der Liebenden umfaßt eine Myriade von Briefen, die »Regel und Beispiel« der wahren Liebe enthalten, und mehr noch, die Liebenden sind und schreiben die Annalen der Liebe, die künftigen Generationen als »Enzyklopädie« dienen, die selbst noch den Sphären Musik und den Engeln Poesie lehren kann und offenbar auch muß, denn ohne diese Liebe wären Weltall und Himmel stumm. In dem, in manchen Details vielleicht etwas zu verklausulierten *Abschied: Über meinen Namen im Fenster* wird das Verhältnis der Liebenden in eine ganz körperlose magische Sphäre gehoben. Der ins Glas geritzte Name hat die magische Kraft, den liebenden Mann zu repräsentieren, ja in geheimnisvoller Präsenz er selbst zu sein. Die geliebte Frau kann nichts tun, dessen der abwesende Geliebte nicht durch seine symbolische Gegenwärtigkeit inne würde. Dies hat zwar in einem Teilaspekt etwas von eifersüchtiger Überwachung an sich, ist im ganzen aber doch eher der Ausdruck einer ununterbrochenen und unzerreißbaren Verbundenheit auch in der Trennung. Eine andere Grundidee des Gedichts, daß die scholastisch in drei Seelen (Wachstum, Gefühl, Verstand) aufgeteilte Seele des Liebenden in der Seele der Geliebten vereint und mit der ihren verschmolzen sind, weist auf dieselbe unlösbare Verbindung. Auch ein Gedicht wie *Hexerei durch ein Bild* geht auf eine magische Vorstellung zurück, auf die Praxis des Bildtötungszaubers, wie er auch heute noch in Voodoo-Kulten betrieben wird: Eine Puppe wird durchstochen, und durch magische Fernwirkung wird die durch die Puppe dargestellte Person getötet. Ich weiß nicht, ob Donne an diese schwarze Magie geglaubt hat; der konjunktivische Schluß des Gedichts scheint auf Zweifel hinzudeuten. Donne konnte jedoch bei seinen Zeitgenossen mit einer Kenntnis dieses Aberglaubens rechnen. In rein spirituelle Höhen entrückt das Gedicht *Die Ekstase,* das das Unmögliche versucht: dem Augenblick höchster Lust Dauer zu verleihen. In reizvollem Kontrast zum Gehalt, der Darstellung einer Seelenhochzeit, steht die Bildersprache dieses zugleich kurzzeilig liedhaften wie meditativ elegischen Textes. Keine Tristan-Klänge, kein Gestammel am Rand des Verstummens, sondern beinahe nüchterne sperrige Bilder, die das eigentlich Unbeschreibliche andeuten und keine sentimentale Schwelgerei aufkommen lassen. So vergleicht Donne die Liebenden im flüchtigen Zustande der Vereinigung mit Statuen auf Grabmälern und gibt so dem entgleitenden Moment etwas Statisches, dehnt den Augenblick zur kleinen Ewigkeit. Daß der Ekstase auch ein gewisses Maß an Aggressivität innewohnt, kommt zum Ausdruck im Vergleich der ekstatischen, im Wortsinn aus dem Leib, aus sich herausgetretenen Seelen mit Parlamentären zweier gegnerischer Heere, die Verhandlungen über einen Friedensvertrag führen. Donne, der in diesem Gedicht Liebe als einen geistigen, seelenhaften Akt darstellt, bleibt jedoch auch hier Realist. Trotz aller ekstatischen Hingerissenheit weiß der Liebende, daß zur vollkommenen Liebe Seele und Leib, Geist und Fleisch gehören. Die Seelen gehen deshalb in ihre Körper zurück,

> Daß Menschen Liebe sich beschreib:
> Die Seele ihr Geheimnis hegt,
> Doch offenbahrts ihr Buch, der Leib.

Daß Menschen Liebe sich beschreibe, das ist das Vorhaben der *Songs and Sonnets.* Sie verhandeln das alte und ewig neue Thema Liebe in gewohnten wie unerhörten Tönen. Wie der Canzoniere Petrarcas, wie Shakespeares Sonette, wie Goethes *Buch der Liebe* im *Divan* zählen sie zu den kostbarsten Beständen des »Hauptarchivs« der Liebe.

Wolfgang Breitwieser, Nürnberg, Februar 1994

Anmerkungen

Text und Nachwort:

Die Übersetzung erfolgte nach der Ausgabe von Sir Herbert Grierson, Oxford University Press 1957. Die Prosazitate stammen aus dem Auswahlband *Nacktes denkendes Herz* von Annemarie Simmel, Köln 1969. Nützen konnte ich auch das Vorwort und die Anmerkungen der Ausgaben von John Carey, Oxford 1990, und von C.A. Patrides in Everyman's Library, 1985. Einige Winke verdanke ich der kleinen Monographie von A.J. Smith, *Donne. Songs and Sonnets,* Edward Arnold, 1964, sowie dem Vorwort und den Anmerkungen von Maik Hamburger, *Zwar ist auch Dichtung Sünde,* Leipzig 1985. Dies gilt auch für die Fußnoten zur Übersetzung von K. Wydmond, *Liebeslieder,* Stuttgart 1981, und für Nachwort und Erläuterungen von Werner von Koppenfels in *Alchimie der Liebe,* Berlin 1986.

Die Gedichte:

Das Gutmorgen. Die erste Strophe spielt auf die Legende von den Siebenschläfern an, sieben christlichen Jünglingen, die vor der Christenverfolgung unter Decius (249 n. Chr.) in eine Grotte flüchteten und dort fast zweihundert Jahre schlafend überlebten. Letzte Strophe: In der poetisch-allegorischen Geographie der Donne-Zeit wurde der Westen mit Untergang (der Sonne) und Tod, der Norden mit dem Bösen gleichgesetzt.

Das Unterfangen. Als die neun ruhmreichen Helden – *worthies* – gelten: Hektor, Alexander der Große, Julius Cäsar, Josua, David, Judas Makkabäus, König Arthur, Karl der Große und Gottfried von Bouillon.

Sonnenaufgang. »Beide Indien« meint Ostindien und Mittel-und Südamerika, die Gold- und Gewürzländer. »Reichtum = Alchemie«: Alchemie heißt hier Falschgold.

Liebeswucher. Die erste Zeile der zweiten Strophe ist in der Übersetzung ausgelassen. Sie lautet: »Let me think any rival's letter mine.« Wydmond merkt erläuternd an: »d.h. laß mich über jeden Brief, den meine Liebste heimlich einem Rivalen schreibt, so denken, als sei er für mich geschrieben, d.h. ihn gleichgültig betrachten.« Der Übersetzer kann auch durch diesen Hinweis keinen Zusammenhang mit Vorhergehendem und Nachfolgendem erkennen, wie auch die Vorstellung, daß Briefe abgefangen werden (eine ungalante Bosheit mehr?), nicht recht einleuchtet.

Die Heiligsprechung. Um gezwungene oder abgedroschene Reime auf das Wort ›love‹ zu vermeiden, die die originale Reimfolge dreifach verlangt, und zwar in allen Strophen, habe ich die erste und letzte Zeile aller Strophen auf ›lieben‹ bzw. ›Liebe‹ enden lassen, ohne Reim. Dies hat ein verändertes Reimschema zur Folge, das, wie ich hoffe, dem Gedicht nicht schadet.
Vorletzte Strophe: Das Wortspiel Stanze = Strophe und Zimmer ist im Deutschen nicht direkt verstehbar, wohl aber indirekt: Die Stanzen (Strophen) kann man sich symbolisch als die Behausungen der Personen, derer im Gedicht gedacht wird, vorstellen.

Ein Abschied: Auf meinen Namen im Fenster. Strophe 5: »...Geist, Gefühl, Gedeihn« steht für die Verben »understand, see and grow«. Nach antiker und scholastischer Philosophie ist die menschliche Seele dreigeteilt, in eine Seele des Verstandes, des Gefühls und des Wachstums; letztere umfaßt die Prozesse des Entstehens, Wachsens und Gedeihens der biologisch-leiblichen Existenz.

Ein Abschied: Über das Buch. Die erste Strophe verweist auf die Sybille von Cumae, auf Corinna aus Theben, die Pindar in einem Dichterwettstreit besiegte, auf die Frau Lukans, Polla Argentaria, und auf Phantasia, von der Homer seine Ilias erhalten haben soll.

Wachstum der Liebe. Die letzte Zeile ist interpretierend

übersetzt. »Mummy« bedeutet nach den Anmerkungen mehrerer Herausgeber »seelenloser Leib«. Ich ziehe diesen kleinen Zusatz (»seelenlos«) der (ebenfalls erweiternden) Übersetzung mit »Mumienfleisch« vor. Der gelehrte Hinweis auf die zu Donnes Zeiten gebräuchliche Verwendung von Mumienfleisch in der Medizin erklärt m.E. nichts, er verwirrt eher.

Eine Nachtelegie. Die siebente Zeile der ersten Strophe ist etwas frei übersetzt, da dem Übersetzer die Vorstellung eines Lebens, das ins Fußende des Bettes und die Füße des Bettes (die Bettpfosten?) absinkt, nicht nachvollziehbar ist, auch wenn es sich um die Umkehr der traditionellen Vorstellung handeln sollte, daß das Leben von der Erde über die Füße aufwärts in den Menschen einströmt. – »Nicht-Substanzen« ist die Übersetzung für »things which are not«. In der Scholastik kommt nur Substanzen wirkliches Sein zu. Andere Dinge sind nur Negationen: Dunkel ist Nicht-Licht, Tod ist Nicht-Leben, Mangel ist Nicht-Fülle, wie auch das Böse durch Abwesenheit des Guten definiert wird.

Der Köder. Die Anfangszeile zitiert ein Gedicht von Christopher Marlowe, *The Passionate Shepherd to His Love.*

Ein Abschied: Das Trauerverbot. Die Übersetzung gönnt sich in der jeweils ersten und dritten Zeile einer Strophe einen Versfuß mehr als das Original, außerdem klingende Endreime. Ich habe auch eine metrisch identische Übertragung gemacht; sie schien mir recht hölzern, wie das vierhebige Jamben mit ausschließlich stumpfen Reimen so an sich haben, im Deutschen mehr als im Englischen (das mehr klingende Versausgänge hat, als es auf den ersten Blick scheint).

Die Ekstase. Die »Veilchenköpfe« der ersten Strophe sind (nach Hamburger) Sinnbild der Liebe und Treue.
2. Strophe: »Balsam« – eine Körperflüssigkeit, die nach Paracelsus den Leib vor der Zersetzung bewahrt (ebd.)
»Wie jede Seele allerlei vermischt«: Vgl. Anmerkung zu *Auf meinen Namen im Fenster.*

»Seelen, die unwandelbar«: Die Seele ist, da unsterblich, keiner Veränderung unterworfen.
»Die Geister wir, die Sphären sie«: Das Verhältnis Leib/Seele entspricht dem von Sphäre/Geistzentrum der Sterne im ptolemäisch-aristotelischen System.
»Wie Blut geschäftig Geister zeugt«: Leib und Seele des Menschen müssen durch die Interaktion geschäftiger Geister des Blutes, die man sich gasförmig vorstellte, verbunden werden. So entsteht durch sie das Mischwesen, das Knäuel Mensch.
»Weil sonst ein Fürst in Ketten blieb«: Die Seele wäre wie ein Herrscher im Gefängnis handlungsunfähig, wenn sie nicht über die Sinne – wie ein Herrscher über Minister und Beamte – verfügen könnte.

Die Primel. Zeile 8: Primeln mit vier oder sechs (eins plus oder minus) statt der üblichen fünf wurden ›trueloves‹ genannt und galten als glückbringend für Liebende. Der Dichter ist also am Anfang des Gedichts auf der Suche nach der seltenen Ausnahme, dem ›truelove‹. – Die geheimnisvolle Zahl ist die Fünf, da in ihr die erste gerade und die erste ungerade aufgehen: 2+3=5. Die Ineinssetzung von Frau und Fünfzahl (=Primel) erlaubt die wortspielerische Rechnung, daß der Frau, da als Fünf die Hälfte der Höchstzahl des Zehnersystems, auch die Hälfte der Männerwelt zustehe. – Das »nehmen« der letzten Zeile umschreibt Carey in seinen Anmerkungen mit »consort sexually with«.

Das Liebespfand und *Eigenliebe.* Die Gedichte gelten als nicht eindeutig authentisch, das erstere wohl, weil es etwas konventionell ist, das zweite, weil es lückenhaft ist: Es fehlen ein Reimwort und eine halbe Zeile. Der Übersetzer glaubte sich hier, gerade weil es sich nicht um ein wesentliches Gedicht Donnes handelt, zur Ergänzung ermächtigt. Als Donne zugehörig gedacht wäre es im Korpus der *Songs and Sonnets* das zweite Gedicht, in dem die Frau spricht.